AF707645

ownhome

DAS AUTARKE TINY HOUSE FÜR EIN LEBEN IM EINKLANG MIT DER WELT

INHALTSVERZEICHNIS

VON DER VISION ZUR WIRKLICHKEIT | 76

LEBEN IM OWNHOME | 148

NÄHRBODEN FÜR VERÄNDERUNGEN | 170

OHNE ÄNGSTE AUSGESORGT | 190

UMGEBEN VON PFLANZEN | 196

DAS EIGENE HAUS IM GEMEINSAMEN HAUS

Vorwort von Alberto Acosta

In verschiedenen Teilen unserer Erde werden die konventionellen Vorstellungen von Fortschritt zunehmend infrage gestellt, nachdem diese schwerwiegende ökologische, wirtschaftliche und soziale Probleme verursacht haben. Traditionelle Antworten gewinnen immer mehr an Bedeutung. Es besteht kein Zweifel, wir befinden uns in einer »Ära des Überlebens«, an einem Scheideweg, an dem die Zukunft der menschlichen Spezies in Gefahr ist. Daher gibt es aus vielen Sektoren und Orten Vorschläge für Alternativen, die über die vorherrschenden Konzepte der Moderne hinausgehen.

Was wir brauchen, sind Brücken, um Erfahrungen auszutauschen und um andere Initiativen kennenzulernen, um so den Aufbau anderer Welten zu stärken, in denen ein menschenwürdiges Leben für alle Wesen auf der Erde möglich ist, die wir als unser »gemeinsames Haus« betrachten können.

In diesem Bestreben ist »Buen Vivir« (das gute Leben) eine Möglichkeit, eine neue Lebensweise aufzubauen.

Obwohl es besser wäre, von »Buenos Vivires« (die guten Leben) oder »Buenos Convivires« (die guten Zusammenleben) zu sprechen, die an die Realität der menschlichen Gemeinschaften in den jeweiligen Gebieten angepasst sind. Das heißt, ein gutes Zusammenleben der Menschen in der Gemeinschaft, ein gutes Zusammenleben der Gemeinschaften untereinander und ein gutes Zusammenleben der Individuen und Gemeinschaften in und mit der Natur.

Es gibt keine Rezepte, um dies zu erreichen. Und das ist vielleicht die beste Nachricht.

Das »Gute Leben« wird inhaltlich bereits jeden Tag an ganz unterschiedlichen Stellen unseres »gemeinsamen Hauses« mit verschiedenen Ansätzen umgesetzt, auf der Suche nach einem Leben in Harmonie mit der Umwelt und im Streben nach sozialem Gleichgewicht. Es geht dabei um ein gutes Zusammenleben in menschlichen Gemeinschaften, bei dem die Fortschritte der Menschheit so genutzt werden, dass sie allen Beteiligten nutzen, ohne die Natur zu zerstören. Bei diesen Bemühungen ist es wichtig, die wissenschaftlichen und technologischen Errungenschaften so einzusetzen, dass sie im Einklang mit der

Alberto Acosta
geb. 1948 in Ecuador. Wirtschaftswissenschaftler und Politiker.

War von 2007 bis 2008 Präsident der Verfassungsgebenden Versammlung Ecuadors und von Januar bis Juni 2007 Minister für Energie und Bergbau.

Trug entscheidend dazu bei, dass das Recht auf ein gutes Leben – Buen Vivir – in der Verfassung von Ecuador aufgenommen wurde.

Er ist Autor zahlreicher Bücher unter anderem von »Buen Vivir: Vom Recht auf ein gutes Leben.«

Literaturhinweis

Acosta, Alberto: Buen Vivir. Vom Recht auf ein Gutes Leben, ökom Verlag, 5. Auflage, München, 2017

Grundidee sind: Ein gutes Leben für alle und nicht Reichtum für wenige.

Dabei tauchen einige Schlüsselfragen auf: Kann der unaufhörliche technologische Fortschritt die enormen sozialen Probleme lösen, die es gibt? Was sind die Grenzen der Technologien? Diese Fragen resultieren nicht aus Konservativismus gegenüber dem technischen Fortschritt, sondern hinterfragen seine Bedeutung. Ob es gefällt oder nicht, moderne Technologien werden zunehmend für die Gewinnmaximierung genutzt und sind in vielerlei Hinsicht schädlich.

Wir können beobachten, wie sich der technologische Fortschritt in manchen Bereichen bei der Anhäufung von Gütern beschleunigt (ein beängstigendes Beispiel ist der militärisch-technologische Fortschritt), während sich der Fortschritt in anderen Bereichen nur sehr langsam entwickelt oder sogar stagniert. Ein weiteres beunruhigendes Beispiel ist das Einsperren der technologischen Entwicklungen in den Markt der Patente, dessen angeblicher »Innovationsanreiz« mehr als fraglich ist, wie man anhand der vielen patentierten Arzneimittel sehen kann, die weltweit gesundheitliche Probleme lindern könnten.

Daher ist Technologie nie sozial neutral. Wir dürfen nicht vergessen, dass jeder Technologie eine »soziale Form« eingeschrieben ist, d.h. eine Form der Beziehungen untereinander und des Umgangs mit uns selbst. Schauen wir uns nur die Gesellschaft an, die das Auto produziert und die Art von Antriebsenergie, die es benötigt: Individualismus und Verbrauch fossiler Brennstoffe gehen größtenteils Hand in Hand.

Welche soziale Form ist in den technologischen Fortschritten enthalten, für die wir uns alle einsetzen sollten? Das ist auch eine Frage, die konkrete Antworten erfordert.

Beispielsweise ersetzt der technologische »Fortschritt« im täglichen Leben viele Arbeitskräfte – ob physisch oder intellektuell – und macht so viele Arbeitnehmer überflüssig und schließt diejenigen aus, die keinen Zugang zur Technologie haben. All dies definiert das Arbeitsverhältnis neu und trägt normalerweise zu seiner Flexibilität bei, was fast immer gleichbedeutend mit einer stärkeren Ausbeutung ist. Der Mensch ist nur noch ein Werkzeug für die Maschine, obwohl die Beziehung umgekehrt sein sollte. Aus dieser Perspektive sollte das Ziel sein, dass Technik die menschlichen Kräfte stärkt und nicht ersetzt. Technik sollte die Grundbedürfnisse des Menschen befriedigen wie beispielsweise das Wohnen, ohne neue Abhängigkeiten zu schaffen.

Eine zentrale Herausforderung besteht darin, zu sehen, wie Wissen und Technologien gesteuert werden. Die Fähigkeit, Maschinen zu reparieren, sollte mehr Wertschätzung bekommen. Wir müssen die Haltbarkeit von Produkten durch gute Materialien erhöhen und jede programmierte Alterung ablehnen. Wir müssen Projekte fördern, die mit nachhaltigen Lebensweisen die Selbstversorgung und dadurch die Unabhängigkeit erhöhen.

Wir müssen eine Volkswirtschaft, die zerstörerische materielle Güter produziert, überwinden zugunsten einer Volkswirtschaft, die umweltfreundliche, immaterielle Güter anbietet, ohne die Umwelt zu vergiften. Wir müssen uns von einer Wirtschaft des permanenten Wachstums und der Anhäufung endloser Güter befreien. Und das geschieht, indem wir tausende kleine Antworten in allen Teilen des Planeten neu bewerten, um von unten herauf das *Gute Leben* sicherzustellen.

Ja, eine andere Welt wird möglich sein, wenn wir sie von ganz unten denken. Wenn wir die Interessen betrachten, die den Status quo beibehalten möchten, um an der Macht zu bleiben, dann stehen diese oft genau den Menschenrechten und den Rechten der Natur entgegen, die wir verteidigen müssen. Es ist offensichtlich, dass es nicht darum geht, das bisher Erreichte besser zu machen und darauf zu warten, dass sich die Dinge zum Guten wenden. Was wir erreichen müssen, ist, dass wir gemeinsam einen neuen Pakt beschließen in Bezug auf das soziale und ökologische Zusammenleben. Dieser muss neue Freiräume schaffen und alle Zäune niederreißen, die seine Gültigkeit einschränken. Aus dieser Anstrengung kristallisieren sich konkrete Projekte heraus, die nicht beanspruchen, das unumstrittene Allheilmittel zu sein und trotz ihrer Begrenzungen das Potenzial haben, die Welt zu verändern.

Das ist die Verpflichtung für eine andere Zukunft, die nicht einfach mit radikalen Reden ohne Vorschläge zu erreichen ist. Diese Vorschläge sollten als Grundprinzip den Aufbau von Produktions-, Austausch- und Kooperationsbeziehungen beinhalten, die die Suffizienz mehr unterstützen als die Effizienz, und getragen sind von Solidarität und Gegenseitigkeit – eine entscheidende Aufgabe im Bereich des Wohneigentums.

So bietet der Aufbau eines guten Lebens – für alle Menschen und Nicht-Menschen – den Raum, in dem wir uns neu organisieren können, um uns zu erholen und die Kontrolle über unser eigenes Leben zu erlangen – auf der Suche nach dem *Guten Leben* für alle statt dem Reichtum für wenige, so, wie es Klemens Jakob beschreibt. Darum geht es in diesem Buch.

VEGETARISCHE
KÖSTLICHKEITEN

DAS OWNHOME – EIN GUTES LEBEN FÜR ALLE

Einführung

Viele Menschen wissen, dass die Kursrichtung unseres Wirtschaftssystems nicht zukunftsfähig ist. Sie spüren, dass etwas nicht stimmt. Selbst, wenn sie immer mehr arbeiten und ihren materiellen Reichtum vergrößern, werden sie nicht glücklicher. Im Gegenteil, sie fühlen sich gehetzt, gestresst und ruhelos. Doch das berühmte Hamsterrad dreht sich zunehmend schneller. Es scheint, als hätten wir immer weniger Zeit für immer mehr Punkte auf unserer To-do-Liste. Das Wechselspiel aus Arbeit und Konsum hat uns so fest im Griff, dass keine Zeit und Energie bleibt, sich über mögliche Alternativen Gedanken zu machen.

Je mehr wir wie kleine Zahnräder in einer großen Maschine nur noch funktionieren, desto weniger bedienen wir uns unseres eigenen Verstandes und unserer Wahrnehmung. So verkümmern diese langsam und der sprichwörtliche Sinn für das Leben geht uns verloren.

Der heute vorherrschende Lebensstil hat uns aus den natürlichen Zusammenhängen des Lebens gerissen. Wir sind in für die meisten Menschen kaum zu überblickende Prozesse und Abhängigkeiten verstrickt, deren Aufrechterhaltung uns immer mehr unserer Lebenszeit kostet.

Von Polyester-Kleidung bis zu Plastikmöbeln umgeben uns synthetische Materialien. Wir wissen nicht, woraus sie hergestellt wurden und unter welchen Bedingungen. Wir haben selten eine Vorstellung davon, woher unsere Lebensmittel kommen und wie sie produziert wurden. Uns interessiert nicht, wie unsere Energie erzeugt wird, wie das saubere Trinkwasser in die Leitung kommt, und wir haben keine Ahnung, wohin unsere Abwässer und Abfälle gelangen. Wir sehen uns nicht länger als essenziellen Bestandteil dieser Abläufe, obwohl sie auf natürlichste Weise mit uns verbunden sind. So entfremden wir uns mehr und mehr von der Natur. Und alles, um unseren persönlichen Profit zu steigern oder möglichst wenig von unserem »Reichtum« abgeben zu müssen.

Glück, Zufriedenheit und Erfolg sind in unseren Augen oft abhängig von materiellen Gütern. Aus diesem Grund hat das Wirtschaftswachstum für uns eine so große Bedeutung. Mit einer solch eindimensionalen Sichtweise reduzieren wir die Vielfalt des Lebens auf einen kleinen, unterm Strich doch recht unbedeutenden Teilaspekt. Je fokussierter wir an der Anhäufung materieller Reichtümer arbeiten, desto zerstörerischer wirkt es sich auf alle anderen Bereiche des Lebens aus. Wir haben weniger Zeit für unsere Familie, weniger Zeit für unsere Freunde, weniger Zeit, um die Natur um uns herum zu genießen und Kraft aus ihr zu ziehen, weniger Zeit dafür, uns als Mensch zu erfahren.

Es wird immer offensichtlicher, dass wir für die einseitige Ausrichtung auf materiellen Reichtum einen hohen Preis bezahlen. Wir zahlen dafür mit unserem Leben: Mit der Vielfalt des Lebens um uns und mit der Vielfalt des Lebens, das sich durch uns ausdrücken möchte.

Das führt nicht zu einem guten Leben für alle, sondern zu unglaublichem Reichtum für wenige auf Kosten aller anderen.

Um auf der Erde lebenswerte Bedingungen zu erhalten, ist eine Kurskorrektur nötig. Es ist höchste Zeit, dass wir unsere Ziele und unser Verhalten ändern. Wir müssen Wege finden, heute gut zu leben, ohne das Leben der nachfolgenden Generationen zu gefährden. Dieses Leben ist ein Leben in Harmonie mit uns selbst, unseren Mitmenschen und unserer Natur. Andere Menschen dürfen nicht als Bedrohung, Objekte oder reine Arbeitskraft betrachtet werden, denn letztlich ist in diesem Universum alles miteinander verbunden – ein komplexes System aus Abhängigkeiten und Verknüpfungen, die wir wohl niemals in Gänze verstehen werden.

Das *Gute Leben* muss also auf einem Gesellschaftskonzept basieren, bei dem niemand profitieren kann, wenn nicht auch der Nachbar profitiert. Ein gutes Leben ist nur ein gutes Leben, wenn es das Wohlergehen aller Wesen einschließt.

Für mich ergeben sich daraus einige wichtige Fragen:

- Wie will ich leben?
- Wie sieht das *Gute Leben* konkret aus?
- Wie kann ich leben, ohne anderen Menschen zu schaden und ohne die Zukunft meiner Enkelkinder zu zerstören?
- Ist ein gutes Leben für alle überhaupt möglich?
- Kann man in einem kranken System gesund leben?

Die Antworten, die ich gefunden habe, verdichteten sich nach und nach zu einem ganzheitlichen Wohn- und Lebenskonzept – dem »ownhome«. Es hat sich zum Ausgangspunkt weiterer Projekte auf meinem Weg zum *Guten Leben* entwickelt.

Das ownhome ist ein komplett autarkes, stationäres Tiny House, das aus natürlichen, nachhaltig produzierten und ökologisch sowie baubiologisch sinnvollen Materialien konstruiert ist. Im Falle eines Rückbaus können nahezu alle verbauten Rohstoffe recycelt, zurückgewonnen oder entsorgt werden, ohne die Umwelt zu belasten. Das ownhome ist so konzipiert, dass es von jedem nach dem Baukastenprinzip selbst gebaut werden kann. Mit seinen 18 m² Grundfläche ist es zwar klein, aber die Idee, die sich dahinter verbirgt, hat es in sich und berücksichtigt globale Zusammenhänge.

Das Projekt/Konzept versteht sich als ein kleines Steinchen im bunten Mosaik der Initiativen, die an der Gestaltung einer neuen Gesellschaft beteiligt sind. Initiativen, die bewusst die Verantwortung für eine lebenswerte Zukunft übernehmen und kreativ an der »Sozialen Plastik« eines weltgerechten Miteinanders arbeiten.

»Ein gutes Leben für alle statt materiellem Reichtum für wenige!«

Weltweit gibt es viele unterschiedliche Projekte, die an dieser Vision aktiv mitwirken. Eines haben sie alle gemein: **Sie betrachten den Menschen als ein Wesen, das als Teil der Natur untrennbar mit ihren Kreisläufen verbunden ist.** Wir sind Teil der Natur! Aus dieser Perspektive ist es offensichtlich, dass die Umwelt nicht nur ein Rohstofflager für die Umsetzung unserer Vorstellungen sein darf.

Die Idee des ownhomes hört nicht beim Hausbau auf. Ein solches Konzept kann nur Erfolg haben, wenn es ganzheitlich gedacht wird. So greift der ownhome-Gedanke in viele andere Konzepte, die ein verantwortungsvolles und selbstbestimmtes Leben zum Ziel haben:

- Der Aufbau von **solidarischen Gemeinschaften**
- Der Anbau und die Verarbeitung von eigenen Lebensmitteln durch **Permakultur** oder andere nachhaltige Methoden
- Der Aufbau von Gemeinschaftsgärten oder die Beteiligung an einer **solidarischen Landwirtschaft**
- Die **eigene Herstellung** von Gegenständen für das tägliche Leben
- Der **Sharing-Gedanke**, bei dem wir Fahrzeuge, Werkstätten und Maschinen gemeinsam nutzen, statt sie selbst zu besitzen

Das Leben im ownhome bettet uns wieder in geschlossene, erlebbare und natürliche Kreisläufe ein. Wir sind aktiver Teil unserer Wasser-, Energie- und Nährstoffversorgung und erleben uns eingebunden in ein System, in dem alles mit allem verbunden ist. Wachstum und Entwicklung sind nur in Kooperation mit anderen möglich. Auch das kleinste Teil erfüllt einen Sinn. Das gibt uns Sicherheit und Geborgenheit.

Durch den eigenen Wasserkreislauf, die eigene Stromproduktion und die Möglichkeit, Nahrungsmittel selbst anzubauen, sind die Lebenshaltungskosten im ownhome sehr gering. In dem Maße, in dem wir weniger Geld erarbeiten müssen, gewinnen wir Lebenszeit. So können wir Schritt für Schritt unser Leben zurückerobern und das Verhältnis von »funktionieren« zu »lebendig sein« immer weiter in Richtung eines selbstbestimmten Lebens verschieben. Wir haben wieder Energie und Zeit, um uns für eine zukunftsfähige Lebensart einzusetzen.

Das ownhome ist ein großer Schritt in Richtung Selbstermächtigung. Indem ich mein Haus selbst baue, erlebe ich mich kreativ und lebendig. Ich bin an allen Entstehungsprozessen beteiligt, wenn ich vielleicht auch nicht alles selbst ausführe. Ich entscheide, wie ich leben möchte, ich werde aktiv und übernehme die Verantwortung für meine zukünftige Lebenssituation.

Als ich mit der Entwicklung des ownhomes begann, lebte ich mit meiner Familie in einem 300 Jahre alten Bauernhaus. Ein riesiges Haus, das allerdings keinen Garten hatte. Silvano, unser Sohn, lebte bereits in seinen eigenen vier Wänden. Er hatte sich ein Bauernhaus mit großem Garten gekauft. Als er von meiner Idee hörte bot er mir an, das ownhome auf seinem Grundstück zu bauen. Heute stehen dort mit dem ownhome bereits zwei kleine Wohneinheiten. Das Mutterhaus bietet weitere Wohnmöglichkeiten, sodass wir aktuell zu neunt auf dem Grundstück leben. Besser hätte sich das Konzept nicht entwickeln können. Das Projekt hat seine ganz eigene Dynamik, so habe ich das ownhome für mich entwickelt, für andere gebaut und dann doch selbst darin gelebt. Und auch wenn ich hin und wieder über längere Zeit im »Mutterhaus« wohne, um das ownhome anderen zu überlassen, ist es ein wichtiger Teil meines Weges zu einer Veränderung.

Vielleicht beginnen wir unser Leben zu verändern, weil wir krank geworden sind und wir für unsere Heilung die Rahmenbedingungen ändern müssen. Vielleicht verändern wir unser Leben, weil wir nicht länger an der Zerstörung unserer Natur beteiligt sein wollen. Die Konsequenzen daraus sind in beiden Fällen sehr ähnlich: Ein heilsames Leben für unseren Organismus ist gleichzeitig auch heilsam für die natürlichen Systeme, die uns umgeben und damit für den Gesamtorganismus unserer Erde.

Das ownhome ist meine Lösung für ein gutes Leben und ermöglicht gleichzeitig ein gutes Leben für alle. Je länger ich mich damit beschäftige, desto überzeugter bin ich, dass beides ein und dasselbe ist. Wenn wir uns als Mensch wohler fühlen, dann wird auch die Welt für alle besser. Wir sind so eng mit der Welt verbunden, dass man die Dinge nicht getrennt voneinander betrachten kann.

Für Menschen, die den Wahnsinn aus Abhängigkeit, Naturentfremdung und Konsumzwang nicht länger mitmachen wollen, für Menschen, die die Kontrolle über ihr eigenes Leben zurückerlangen möchten, für diese Menschen ist dieses Buch geschrieben.

Es ist nie zu spät für das *Gute Leben*. Wir können uns zu jeder Zeit und in jeder Situation dafür entscheiden. Wir müssen uns aber eine Entwicklung zugestehen. Wer darauf wartet, dass wir eines Morgens aufwachen und auf einmal alle glücklich und zufrieden im Einklang mit der Natur leben, der wird enttäuscht werden. Wir sollten uns jedoch zügig auf den Weg machen, denn noch länger zu warten, ist keine Option.

Jeder kann zu einem Wandel beitragen! Um das zu veranschaulichen und vielleicht den einen oder anderen zu inspirieren, möchte ich auf den folgenden Seiten zunächst meinen ganz persönlichen Weg zu einem guten Leben beschreiben. Anschließend stelle ich dir mit dem ownhome ein sozial und ökologisch sinnvolles Wohnkonzept vor, das eine gute Grundlage für eine zukunftsfähige Lebensweise ist.

So verschieden die Menschen sind, so unterschiedlich sind vermutlich auch die Vorstellungen davon, wie ein gutes Leben aussieht. Trotzdem bin ich davon überzeugt, dass es ein paar Grundprinzipien für ein gutes Leben gibt, die für alle Menschen Gültigkeit besitzen. Deshalb möchte ich meine Ideen, Visionen und Lösungsvorschläge rund um das Lebenskonzept ownhome im größeren Zusammenhang betrachten. Nimm mit, was du kannst und willst – Inspiration, Motivation oder eine Vision, wie du in Zukunft leben möchtest.

Es geht um den Dialog und darum, die Tür zu öffnen, nach draußen zu gehen, die Sonnenstrahlen auf der Haut zu genießen, einmal tief durchzuatmen und uns und die Welt zu verändern.

Klemens Jakob im Garten vor dem ownhome

MEINE REISE ZU EINEM GUTEN LEBEN

DER WILLE ZUR VERÄNDERUNG UND EINE GUTE IDEE HABEN MEIST EINE GEMEINSAME VORGESCHICHTE. MANCHMAL BRAUCHT ES ZEIT, ERFAHRUNG, GEDULD UND VERTRAUEN, BIS MAN ES SCHAFFT, DIE DINGE IN DIE HAND ZU NEHMEN.

ABER DAS SCHÖNE IST:
JEDER KANN DIE WELT VERÄNDERN!

MEINE REISE BEGANN IN FRANKEN …

Mit meinem ersten Mofa von Peugeot bei einem Ausflug in den Steigerwald, 1974

1959 – Franken

Geboren wurde ich in Geiselwind, einem kleinen Ort im Steigerwald in der Nähe des Drei-Franken-Ecks, also dort, wo Ober-, Unter- und Mittelfranken aufeinandertreffen. Als ich drei Jahre alt war, zogen meine Eltern in die wunderschöne Stadt Bamberg. Da ich das vierte von fünf Kindern war, entwickelte sich über die Zeit ein ausgeprägter Gerechtigkeitssinn, der mir auch heute noch zu eigen ist.

Wenn es am Sonntag ausnahmsweise eine Tafel Schokolade gab, wurde diese ganz penibel durch sieben geteilt, so dass jeder gleich viel davon bekam und es keinen Anlass zum Streit gab.

Da ich Ende September geboren wurde, durfte ich bereits mit fünf Jahren in die Schule. An ihr konnte ich aber kaum Gefallen finden, da sie mir viel Zeit zum Spielen raubte. Freizeit war für mich wichtiger als die Schule, wo ich gerade genug Aufwand betrieb, um keine Probleme zu bekommen. Ich war immer der Kleinste in der Klasse und fast in jedem Zeugnis stand irgendwo die Bemerkung »verspielt«. Das war auch die treffende Beschreibung für mein Lebensgefühl. Spielen bereitete mir große Freude – die Schule hingegen konnte oder wollte ich nicht so recht ernst nehmen. Vermutlich war das einer der

Gründe, warum die Schulzeit bei mir keine bleibenden Schäden hinterließ.

Mit fünfzehn und der Mittleren Reife in der Tasche ließ ich dieses lästige Kapitel endlich hinter mir. Und ich hatte schon konkrete Pläne. Ich hatte zwar keine Ahnung, was ich beruflich machen wollte, aber mir war klar, dass ich dringend Geld brauchte, um mir ein Mofa kaufen zu können. Eine Lehre zum Groß- und Außenhandelskaufmann sollte mir diesen lang gehegten Wunsch erfüllen. Ich saß also meine Zeit im Büro ab, um nach Feierabend und an den Wochenenden das tun zu können, was mir wirklich Spaß machte: mit meinem eigenen Gefährt die Welt zu erkunden.

Am Ende der Lehrzeit hatten sich meine Ziele geändert. Jetzt wollte ich noch mehr Geld verdienen, um mir ein großes Motorrad kaufen zu können.

Meine Zielstrebigkeit führte dazu, dass ich mit Anfang zwanzig bei der Deutschen Bundespost beschäftigt war, ein großes Motorrad fuhr und eine hübsche Freundin hatte. Außerdem konnte ich einen Oldtimer mein Eigen nennen und wohnte in einer kleinen, aber feinen Mietwohnung. Jedes Wochenende war ich mit meinen Motorradkumpels unterwegs, meist in der schönen fränkischen Schweiz, die ja bei uns vor der Haustür lag.

Einer von vielen Motorradausflügen in die fränkische Schweiz mit meiner Honda CX 500, 1978

Ein Leben, das alles bot, um glücklich zu sein. Trotzdem war es für mich nicht erfüllend. Es gab einen Teil in mir, der einfach nicht zufrieden sein wollte. Immer wieder fragte eine Stimme in meinem Kopf: »Soll das schon alles gewesen sein?«

In den oberen Stockwerken des Postgebäudes war der gehobene Dienst untergebracht. Wenn es mich doch einmal in die Gänge dieser Etage verschlug, liefen mir viele graue Männer über den Weg, die ein wenig an die Geschichte »Momo« von Michael Ende erinnerten. Ich war mir ganz sicher, dass mein berufliches Leben nicht in diesen Etagen enden würde.

Es gab eine unerfüllte Sehnsucht in mir, ohne dass ich fähig gewesen wäre, diese näher zu beschreiben. Sicher war jedoch, dass ich dieses Gefühl nicht ignorieren wollte, also machte ich mich auf die Suche.

Eines Morgens ging ich schließlich zu meinem Vorgesetzten und beantragte drei Monate unbezahlten Urlaub. Noch am selben Nachmittag fuhr ich zu einem Reisebüro, um ein Flugticket zu kaufen. Auf die Frage, wohin ich denn verreisen wolle, antwortete ich: »So weit weg wie möglich!«. Mit einem Ticket nach Australien in der Hand kam ich wieder heraus. Über dieses Land wusste ich allerdings absolut gar nichts. Das Einzige, was ich gehört hatte, war, dass es auf der anderen Seite der Erde liegt. Mein ältester Bruder, der am Gymnasium Englisch unterrichtete, meinte, dass ich vermutlich nicht wiederkommen würde, weil mein Englisch so miserabel sei, dass ich nicht überleben würde. Super, jetzt wusste ich wenigstens schon einmal, welche Sprache dort gesprochen wird. Einige meiner Motorradfreunde, die ich bereits vorgewarnt hatte, dass ich irgendwann einmal in die weite Welt verreisen würde, hatten vor, mich zu begleiten. Als es dann jedoch ernst wurde, hatten alle irgendwelche Verpflichtungen. Letztendlich begab ich mich alleine auf die Reise.

1979 – Australien und Philippinen

Dieses Abenteuer erweiterte meinen Horizont in jeglicher Hinsicht und hinterließ Spuren. Schon der erste Tag war lebensgefährlich: raus aus dem Flughafen, ein Blick nach links und ab auf die gegenüberliegende Straßensei... ein lautstarkes Hupen von rechts hielt mich gerade noch davon ab, über die Straße zu gehen. Jetzt wusste ich, dass man in diesem Land auf der linken Seite fährt. So lernte ich täglich Neues. Ich fuhr an der Küste entlang, durchquerte die Wüste, bestieg den Ayers Rock,

Unterwegs entlang am Ninety Mile Beach, einem 150 km langen Sandstrand ohne Unterbrechung – einer der längsten Strände der Welt

Mit dem gemieteten Motorrad fuhr ich die Küste von Sydney nach Brisbane hoch.

Auf dem Weg von Alice Springs zum Ayers Rock, der von den Eingeborenen »Uluru« genannt und als heiliger Berg verehrt wird – ein gewaltiger Sandsteinmonolith mitten in der Wüste

Zusammen mit zwei Japanern stehe ich auf dem Gipfel des heiligen »Uluru«, den man damals noch besteigen durfte.

Das Besteigungsverbot hat mit dem Respekt vor dem Glauben der Ureinwohner zu tun, den die Regierung damals wohl in dieser Form noch nicht hatte. Daher wurden Touristen leider auch nicht entsprechend über den Wunsch der Aborigines unterrichtet.

Wie aus einer anderen Zeit: Zwischen Autos und Lastwagen ist ein Korbhändler mit seinem Pferdefuhrwerk in Manila, der Hauptstadt der Philippinen, unterwegs.

trampte mehrere tausend Kilometer, mietete mir ein Motorrad und kehrte nach Sydney zurück.

In einem erlebnisreichen Vierteljahr realisierte ich, dass die Erde unglaublich viel mehr an Landschaften und Menschen zu bieten hat, als ich mir bis dahin vorstellen konnte. Außerdem machte ich die Erfahrung, dass es in mir Ängste, Freuden und eine Vielfalt von Gefühlen gab, die mir bis zu diesem Zeitpunkt noch unbekannt waren.

Da ich mit der Fluggesellschaft »Pilippine Airlines« unterwegs war, nutzte ich die Gelegenheit und legte am Ende der Reise noch eine Woche Stopover in Manila auf den Philippinen ein. In dieser Woche ging ein Riss durch mein Weltbild. Dinge, die bis dahin für mich eine Selbstverständlichkeit waren, verwandelten sich in seltene Privilegien. Ich erkannte, dass es nur wenigen Menschen möglich war, ins Reisebüro zu gehen, um einen Flug in die weite Welt zu buchen. So reisen zu können, wie ich unterwegs war, war nur einem kleinen Teil der Menschheit vorbehalten.

Das erste Mal in meinem Leben war ich mit Hunger und Armut konfrontiert. Dass ich den Menschen in meinem direkten Umfeld, die hungerten, nicht wirklich helfen konnte, machte mich sehr betroffen. Besonders die Tatsache, dass es nicht nur wenige Ausnahmefälle sind, die täglich neu um ihr Überleben kämpfen müssen, schockierte mich. Laut UNICEF haben heute zwei Milliarden Menschen keinen verlässlichen Zugang zu Nahrung. Und das in einer Welt, in der es eigentlich mehr als genug Lebensmittel für alle gibt. Ich konnte und will bis heute nicht akzeptieren, dass die Gerechtigkeit des Teilens, die ich bei meiner Familie gelernt hatte, in Bezug auf die Menschheitsfamilie keine Gültigkeit hat. Wieso nehmen wir es einfach hin, dass der Reichtum auf unserer Erde so ungerecht verteilt ist?

Wenn auf einem Kindergeburtstag der Kuchen verteilt wird, dann ist allen klar, dass jedes der zehn Kinder ein Stück Kuchen bekommt. Würden zwei Kinder acht Stück Kuchen bekommen und die anderen Kinder müssten sich den Rest teilen, wäre doch jedem bewusst, dass es nicht friedlich bliebe. Genau so sieht es aber auf unserer Erde aus – 20 % der Menschen verbrauchen 80 % der Ressourcen!

Wieso setzen wir uns nicht für mehr Gerechtigkeit ein? Nur, weil wir zu den 20% gehören?

Das ist nicht das *Gute Leben*, nach dem ich suche! In diesen drei Reisemonaten ist die Welt in mir und um mich in viele Dimensionen gewachsen.

Meine Reisezeit war um. An einem Sonntag landete ich in Frankfurt und am Montag war ich wieder im Postamt-Alltagstrott unterwegs.

Doch irgendwie wollte mein Alltag nicht mehr alltäglich werden. Das Thema Hunger ließ mich nicht los. Ich erfuhr, dass die Nutztierhaltung, die die Basis für einen großen Teil unserer Ernährung ist, in keiner Weise meinen Vorstellungen von einem guten Leben entsprach. Zum einen ist es natürlich kein gutes Leben für die Tiere, zum anderen verhindert es aber auch ein gutes Leben für viele Menschen, da die Produktion von Fleisch enorm viele Ressourcen verschlingt, die dann an anderer Stelle für den Anbau von Lebensmitteln fehlen.

Es bestand ganz offensichtlich ein mehr oder weniger direkter Zusammenhang zwischen der Ernährung der Menschen, die viel Fleisch essen, und dem Hunger, den andere erleiden müssen. Ich las, dass für die Produktion von Fleisch ein Mehrfaches der Ressourcen benötigt wird als für den Anbau von Gemüse. Das wollte ich mit meinem Lebensstil nicht länger unterstützen und traf die Entscheidung, mich künftig vegetarisch zu ernähren, was ich bis heute beibehalten habe.

Es war interessant, zu erleben, dass ich mich dadurch viel wohler fühlte. Es war kein Gefühl des Verlustes, dass ich jetzt kein Fleisch mehr essen konnte, ganz im Gegenteil, es war ein

Quellen

Studie: »Fleisch frisst Land«, 2014, 4. unveränderte Ausgabe vom September 2011, WWF Deutschland, Berlin

Deutschlandfunk Kultur: »Wie viel Anbaufläche braucht ein Mensch?«, Beitrag vom 13.10.2015

»Fleisch-Mythen«, Artikel auf www.global2000.at/fleisch-mythen, Stand 28.09.20

Gefühl von Zugewinn an Lebensfreude, zu wissen, dass mein Handeln mit meinem Wissen im Einklang war. Mein Lebensstil trug zur Verwirklichung des Weltbilds bei, das ich für richtig hielt.

Diese erste große Reise und der Mut, meine Komfortzone zu verlassen, wirken bis heute nach.

1981 – Tuvalu

Ein Jahr mit vielen schönen Stunden auf dem Motorrad und vielen endlosen Stunden bei der deutschen Bundespost verging, bis die Sehnsucht nach Neuem wieder zu wachsen begann. Ein Arbeitskollege erzählte mir von den Tuvalu-Inseln im Pazifik. Das hörte sich so unglaublich an, dass ich kurz darauf wieder drei Monate unbezahlten Urlaub beantragte, um diese Inseln zu bereisen. Auch diesmal wurde der Antrag ohne große Nachfragen genehmigt.

Das erste Reiseziel waren die Fidschi-Inseln und von dort ging es dann drei Tage mit einem kleinen Dampfer übers Meer nach Funafuti, der Hauptinsel von neun Inseln, die den Staat Tuvalu bilden. Der viertkleinste Staat der Welt hat es mittlerweile zu traurigem Weltruhm gebracht, da die Bewohner voraussichtlich die ersten Menschen sein werden, die aufgrund des steigenden Meeresspiegels umgesiedelt werden müssen.

Die neun Korallen-Atolle liegen zwischen Hawaii und Australien im Südpazifik und erheben sich durchschnittlich zwei Meter über den Meeresspiegel. Von Funafuti startete zweimal in der Woche ein kleines Wasserflugzeug, mit dem man die anderen Inseln erreichen konnte. Mit diesem landete ich am Ende meiner Reise in der Lagune der Insel Vaitupu.

So unterschiedlich der Alltag auf diesem Eiland zu meinem Postleben war, so unterschiedlich waren auch die Ansichten und Denkweisen der Menschen, die dort lebten.

Es gab noch keinen Tourismus und die Welt schien noch in ihrer natürlichen Ordnung. Die Menschen auf der Insel lebten von dem, was sie anbauten. Hauptsächlich waren das Kokosnüsse, die sie auf vielfältige Art zuzubereiten wussten. Außerdem kam das Schiff »Nirvanga« viermal im Jahr vorbei und brachte etwas Abwechslung für den Speiseplan. Es versorgte die Bewohner zudem mit Kleidung, Medizin und anderen Dingen, die sie zum Leben brauchten. Die Menschen hier waren sehr genügsam und trotzdem – oder vielleicht genau deshalb – wurde sehr viel gefeiert, gespielt, gelacht und geredet.

In den oft bis tief in die Nacht reichenden Gesprächen mit den Insulanern fielen viele meiner starren Gedankengebäude

Blick aus dem Fenster des Wasserflugzeugs: die Lagune der Insel Vaitupu

Ein Fest für die erfolgreiche Ernte

Ab und zu wehte ein Hauch von Gauguin über die traumhaften Inseln.

Die Oma bereitet das Abendessen vor. Kokosnüsse und Bananen dürfen dabei nicht fehlen.

Alle Generationen unter einem Dach: In Tuvalu gibt es keine Altenheime oder Kindergärten.

plötzlich in sich zusammen. Was blieb, waren absurde Ruinen aus Unverständnis.

Die Bewohner waren unglaublich neugierig, sie wollten genau wissen, wie man in Deutschland lebt. Sie wollten erfahren, wie bei uns die alten Menschen leben, wie wir mit alten Menschen umgehen. Plötzlich war ich in einer ganz seltsamen Situation. Ich musste erklären, was ein Altersheim ist: ein großes Gebäude, in das alte Menschen gebracht werden und darauf warten, dass sie sterben. Betreut werden sie von Menschen, zu denen sie keinerlei Bezug in ihrem Leben hatten, die sie nicht einmal kennen. Diese Menschen wiederum betreuen sie nur, weil sie dafür bezahlt werden.

Mit großen, staunenden Augen sahen sie mich an. Diese Denkweise konnten sie nicht nachvollziehen. Sie sagten mir, dass sich doch die Eltern die ersten zwanzig Jahre von früh bis spät um ihre Kinder kümmern und dann sei es doch selbstverständlich, dass diese sich die letzten Jahre um ihre Eltern kümmern würden. Wie konnte man die wertvolle Zeit mit den Eltern fremden Menschen überlassen?

Der Bootsbauer der Insel bei seinem traditionell überlieferten Handwerk

Ein Lächeln genügt: Die Verständigung funktionierte auch ohne gemeinsame Sprache.

Traurige Blicke hingegen am Tag meiner Abreise

Irgendwie kam mir das auch viel stimmiger vor. Aber wenn ich es mir genau ansehe, dann ist es bei uns ja nicht nur so, dass die alten Menschen am Lebensende in Heime abgeschoben werden. Bereits die kleinen Kinder werden schon ganz früh in Kitas und Kindergärten zur Betreuung abgegeben, benötigen die Eltern doch die Zeit, um das Geld für das Altersheim und die Betreuung der Großeltern zu verdienen. Was für ein absurdes System, in dem es in allen Bereichen nur ums Geld geht. Die erste Priorität hat das Geld. Alle anderen Werte, wie ein liebevolles Miteinander oder Menschlichkeit, rangieren weit dahinter.

Mir wurde immer klarer, dass unser gesellschaftliches Wertesystem, bei dem das Geldverdienen an oberster Stelle steht, keine Basis für ein gutes Leben ist, bei dem es darum geht, dass es alle gut haben.

Und ich konnte erkennen, dass sich unsere Gedanken, wenn sie ein paarmal gedacht wurden, einfach verselbstständigen.

Es bilden sich Gedanken-Autobahnen und sobald ein bestimmtes Thema auftaucht, sausen die Gedanken dazu im Automatikmodus auf den bereits bekannten Bahnen entlang und verhindern dadurch mögliche neue Perspektiven. Statt immer nur die Autobahn zu nutzen und Situationen immer gleich zu erleben, bietet unser Gehirn aber unzählige andere Möglichkeiten, jede Situation neu zu erleben.

In meinem Kopf trafen die Gedanken der Inselbewohner auf lebendige Resonanz, während mich die gewohnten Denkstrukturen überhaupt nicht berührten. In manchen Nächten überlegte ich mir, ob es mich erfüllen würde, auf diesen fast noch paradiesischen Inseln zu bleiben. Obwohl ich wirklich beeindruckt war von dem natürlichen Lebensstil, war die Antwort ein klares Nein. Es gab zwar einen Teil in mir, der sich für dieses Leben begeistern konnte, aber der Rest in mir wollte sich aktiv einbringen, um die Gesamtsituation auf unserer Erde etwas gerechter und menschlicher zu gestalten. Auf Vaitupu hätte ich ein gutes Leben für mich führen können, aber nur, wenn ich mich als ein vom Rest der Welt getrenntes Wesen gesehen hätte. Das war nicht so, also machte ich mich auf den Heimweg.

So landete ich nach drei Monaten Reisewelt wieder in meinem Postlerdasein, das mir nun noch ein wenig fremder geworden war. Ich hatte mich verändert und auch die Welt um mich herum war eine andere geworden. Wir sehen die Welt nicht so, wie sie ist, wir sehen sie so, wie wir sind!

Auch diese Reise hatte einen sehr direkten Einfluss auf mein Denken, mein Handeln und damit auf meinen Alltag.

Bei den Motorradtouren an den Wochenenden gab es immer nur die gleichen Themen: neue Motorräder, neue Motorradstrecken und Motorradunfälle. Was früher auch meine Welt war, wurde für mich zunehmend weniger interessant, während gleichzeitig mein Interesse an gesellschaftskritischen Themen und am Weltgeschehen zunahm. Wenige Wochen nach meiner Rückkehr verkaufte ich mein Motorrad und damit auch die meisten Motorradfreunde.

1983 – Frankreich, Spanien, Afrika

Ich war wieder treppauf und treppab in der schönen Stadt Bamberg unterwegs und erfreute viele Menschen mit der Zustellung von Paketen und Päckchen. Nach ungefähr einem Jahr machte sich so ganz langsam wieder eine innere Unruhe breit und die Sehnsucht nach Neuem nahm wieder zu. Bei meinen Überlegungen spielte diesmal der Faktor Zeit eine viel größere Rolle als die Entfernung. Ich wollte keinen festen Termin für die Rückkehr planen. Ich wollte mir die Möglichkeit offen halten, um auf alles eingehen zu können, was das Leben auf seinem Weg so mit sich bringen würde. Ziel waren diesmal keine fernen, unbekannten Länder, sondern einfach unterwegs zu sein, um mich selbst und das Leben dabei besser kennenzulernen.

Das war allerdings so gar nicht im Sinne meines Arbeitgebers. Mein Antrag auf ein Jahr unbezahlten Urlaub wurde abgelehnt. So etwas wäre nur für wichtige Ereignisse wie beispielsweise den Bau eines Hauses möglich, aber doch nicht, um zu verreisen. Das war dann das Ende meiner steilen Karriere bei der deutschen Bundespost, kurz vor der Verbeamtung.

Es begann eine intensive Auseinandersetzung mit meiner Familie, mit Freunden und mit Bekannten, die ganz und gar nicht nachvollziehen konnten, wieso ich so leichtfertig meine sichere Stelle aufgeben wollte. Wie konnte ich so einen guten Job sausen lassen, ohne die Perspektive auf eine bessere Anstellung zu haben? Stattdessen nur Unsicherheit und Risiko ohne ein konkretes Ziel. Das waren ganz und gar nicht die Wertvorstellungen, nach denen man seine Handlungen in unserer Gesellschaft orientierte. Mit ganz unterschiedlichen Argumenten versuchten sie mich von meinen waghalsigen Plänen abzubringen. Ein wirklich überzeugendes Argument war nicht dabei und ich hatte das Gefühl, dass ich mit meinen Gedanken ihr gewohntes und bewährtes System infrage stellte. Wenn es da noch Werte gäbe, die wichtiger wären als Sicherheit und das Anhäufen von materiellem Wohlstand, dann würde das ja ihr Lebenskonzept in Zweifel ziehen. Das durfte nicht sein.

»Was wäre denn, wenn das jeder so machen würde?«

»Sei doch zufrieden mit dem, was du hast!«

»Du wirst nicht weit kommen und deine Entscheidung schon bald bereuen.«

»Überleg's dir doch noch mal, so eine Stelle bekommst du nie wieder.«

Alles Argumente, die ich intellektuell aus ihrer Sicht nachvollziehen und verstehen konnte, aber keines davon berührte mich wirklich. Keines kam von Herzen und keines kam in meinem Herzen an. Sie änderten nicht das Geringste daran, dass sich mein Entschluss für mich sehr stimmig anfühlte und diesem Gefühl wollte ich folgen.

Der Verdienst bei der DBP war nicht schlecht, aber er war natürlich auch nicht so gut, dass ich einfach so ein Jahr vorfinanzieren konnte. Da war Kreativität gefragt. Ich überlegte mir, wie ich die Ausgaben in diesem Jahr so gering wie möglich halten konnte. Bei der Art und Weise der Fortbewegung entschied ich mich für das Fahrrad. Deutlich schneller als zu Fuß und annähernd kostenlos. Um teure Übernachtungen zu vermeiden, baute ich mir einen Fahrradanhänger so um, dass ich darauf auch schlafen konnte. Wenn es mit dem Geld knapp werden würde, wollte ich mir mit Portraitzeichnen etwas dazu verdienen.

Ein einziges Mal kamen dann doch noch Zweifel auf: Während ich an meinem Anhänger bastelte, besuchte mich ein Kollege von der Post. Als er den stabilen Anhänger sah, fragte er mich, ob ich überhaupt schon mal mit einem Anhänger gefahren wäre. Ich würde mich wundern, damit käme ich mit Sicherheit nicht weit. Als er gegangen war, schnappte ich mir sofort mein Fahrrad und fuhr das erste Mal in meinem Leben mit Anhänger. Ja, es war schon ungewohnt und wacklig, aber nach ein paar hundert Metern ging es schon besser und als ich dann auch noch einen kurzen, steilen Berg erfolgreich hochkam, fuhr ich ganz beruhigt wieder zurück. Jetzt waren alle Zweifel beseitigt. Ich wusste, dass ich jedes Ziel erreichen konnte, denn ich hatte alles, was dafür notwendig war: Ich wusste, was ich wollte und ich hatte Zeit.

An einem sonnigen Morgen im Frühjahr stieg ich in Bamberg aufs Fahrrad und fuhr los in Richtung Würzburg. Dort besuchte ich meine jüngere Schwester und dann ging es weiter Richtung Süden. Immer weiter Richtung Süden, bis ans Meer.

Aufbruch ins Ungewisse mit meinem buntbemalten Fahrradanhänger und dem Nummernschild bzw. Namensschild für »Klemens, 23 Jahre«

In fünf Minuten konnte ich meinen Anhänger in einen mückensicheren Schlafplatz verwandeln.

Aufgeklappt verwandelte sich der Anhänger entweder in einen Tisch oder in mein Bett.

Ein entgegenkommender Fahrradfahrer bei Würzburg wollte wissen, wohin ich unterwegs war. Als ich ihm sagte: »Nach Afrika«, winkte er nur abfällig ab und tippte sich an die Stirn.

Bei der ersten Übernachtung auf meinem Anhänger im Wald konnte ich kaum schlafen. Von wegen Nachtruhe – da war richtig was los. Rund um die Uhr gab es die unterschiedlichsten Geräusche und meine Fantasie hatte viel Freude daran, diese vielfältig zu interpretieren. Aber man muss ja auch nicht viel schlafen, wenn es so interessante Dinge zu erleben gibt und man am nächsten Morgen nicht um fünf Uhr im Postamt antreten muss.

Nach einem Besuch in Heidelberg ging es dann über die erste Landesgrenze nach Frankreich. In Straßburg besuchte ich meine ältere Schwester und übernachtete noch einmal in einem echten Bett, um mich dann am nächsten Morgen wieder auf den Weg zu machen. Zuerst wollte ich in Richtung Pyrenäen fahren und dann weiter bis ans Meer.

Es war ein unbeschreibliches Gefühl, als ich nach unzähligen Abenteuern viele Wochen später in Südfrankreich am Meer ankam. Ich stellte Fahrrad und Anhänger direkt am Strand ab, sprang ins Meer und legte mich nackt in die Sonne. Ich war nicht nur am Meer angekommen, ich fühlte mich auch ein wenig mehr bei mir selbst angekommen.

Eine Vermutung hatte sich in Gewissheit verwandelt:

Wenn ich etwas erreichen möchte, dann können mich keine äußeren Hindernisse davon abhalten. Die gefährlichen Hindernisse liegen in mir, in meinen Einstellungen und in meinem Denken, das über viele Jahre von gesellschaftlichen Vorgaben geprägt wurde.

Mein nächstes Ziel war Afrika. Auf dem Weg durch Spanien durfte ich die befreiende Erfahrung machen, dass mein Glücksgefühl sehr wenig mit Besitz und Geld zu tun hat.

Den Wind um die Ohren, einen Apfel und ein trockenes Stück Knäckebrot in der Satteltasche und die Welt war mein Freund. Dieses Gefühl hätte ich gegen kein Fünf-Gänge-Menü in einem Nobelrestaurant tauschen wollen. Ich durfte eine wichtige Erfahrung machen: Wenn mein Handeln in Übereinstimmung mit meinen inneren Wertvorstellungen liegt, dann fühle ich mich glücklich und frei, dann fühlt es sich wie ein gutes Leben an. Die materielle Komponente spielte dabei eine untergeordnete Rolle.

Ein weiteres Muster, das ganz subtil seinen Weg in mein Denken gefunden hatte, löste sich in Wohlgefallen auf. Der Satz: »Wenn etwas gut ist, dann muss mehr davon besser sein«.

Eine Aussage, die mit dem wirklichen Leben rein gar nichts zu tun hat. Das können wir jeden Tag erleben. Wenn wir uns hungrig an den Tisch setzen und das leckere Essen genießen, dann sind wir irgendwann angenehm satt und jeder weitere Bissen würde dieses angenehme Gefühl ruinieren und sogar ins Gegenteil umkehren.

Unseren Überfluss verteidigen zu wollen erscheint aus dieser Perspektive total absurd. Das wohlige Sättigungsgefühl ist der Wächter für ein gutes Leben, danach wird es ungut. Ich bin überzeugt, dass sich dieses Prinzip auf unser ganzes Leben übertragen lässt. Für ein gutes Leben benötigen wir eine materielle Grundgeborgenheit. Einen warmen Raum mit einem Dach über dem Kopf, fließendes Trinkwasser – im Idealfall sogar warm – Kleidung, in der wir uns wohl fühlen und ausreichend Geld, um uns gesund ernähren zu können. Dann wäre der natürliche Sättigungspunkt für ein gutes Leben erreicht. Alles, was wir darüber hinaus an materiellen Gütern anhäufen, bezahlen wir mit unserem Leben, beziehungsweise mit unserer Lebenszeit. Schließlich müssen wir für das Geld arbeiten, das wir für zusätzlichen Konsum benötigen. Außerdem geht dieser Konsum meist auf Kosten anderer Menschen, denen wir damit die Möglichkeit für ein gutes Leben nehmen.

Unsere Lebenszeit ist das Wertvollste, das wir besitzen. Doch schon diese Formulierung ist der Zeit nicht angemessen, denn wir können Zeit weder besitzen noch verlieren noch irgendwo finden.

Ein ganz großer Irrtum unserer Gesellschaft ist die Aussage: »Zeit ist Geld«.

Was für ein unglaublicher Blödsinn, den wir oft mit der größten Selbstverständlichkeit akzeptieren. Wenn wir ein Leben lang schuften und im hohen Alter dann endlich unser Konto gut gefüllt ist, dann können wir erleben, wie wenig Zeit mit Geld zu tun hat. Erst haben wir unsere Zeit geopfert, um Geld zu verdienen und dann haben wir endlich das Geld und trotzdem keine Sekunde mehr an Zeit. Im Gegenteil, das Geldverdienen hat unsere Zeit aufgefressen und jetzt können wir uns mit dem ganzen Geld keine Zeit kaufen.

Zeit ist Leben!

Wenn wir keine Zeit haben – dann haben wir kein Leben. Zeit ist eines der wenigen Dinge, die auf unserer Erde vollkommen gerecht verteilt sind. Jeder Mensch hat jeden Tag 24 Stunden davon zur Verfügung. Wir entscheiden, wie wir damit umgehen. Wir würden niemals freiwillig unser Leben gegen Konsumgüter tauschen, die wir gar nicht wirklich zum Leben benötigen. Das machen wir nur, wenn wir über Jahrzehnte so konditioniert wurden, dass wir tatsächlich irgendwann auch selbst daran glauben, dass mit der Zunahme an materiellem Wohlstand auch unser Glücksgefühl wüchse. Um den Mythos des materiellen Wachstums aufrechtzuerhalten, braucht es eine funktionierende, moderne Nutzmenschenhaltung. Durch unser Konsumverhalten und unseren Lebensstil werden wir zu einem tragenden Teil des Systems, in dem wir gefangen sind.

Wie gut dies funktioniert, konnte ich unterwegs sehr häufig erleben:

Durch das Nummernschild an meinem Anhänger wurde ich als Deutscher erkannt und immer wieder angesprochen und hin und wieder auch zum Essen eingeladen. Das waren dann in der Regel auch Deutsche, die unterwegs waren. Allerdings mit einem dicken Wohnmobil oder mit einem großen PKW und großem Wohnwagen. Regelmäßig äußerten sie große Bewunderung für meinen Reisestil und nicht selten sagten sie auch, dass sie davon träumten, einmal etwas Ähnliches zu unternehmen. Aber – Geld, Beziehung, Job und natürlich die liebe Zeit. Alle beneideten mich um das kostbarste Gut, das es gibt – um die Zeit. Die unbegrenzte Zeit, die ich zur Verfügung hatte und die ihnen, so, wie sie glaubten, fehlte.

Ja, ich hatte unbegrenzt Zeit zur Verfügung, aber haben wir das nicht alle? Die Grenzen für den Umgang mit der Zeit sind nur in unseren Köpfen vorhanden. Unsere Einstellungen und unsere Prägungen sind die Faktoren, die sich begrenzend auf unsere Zeit und somit auf unser Leben auswirken. Unser Leben hat grundsätzlich erst einmal keine Grenzen.

Zeit und Leben können uns nicht fehlen – sie sind! – solange wir leben.

Auf meinem Weg, immer entlang an der spanischen Küste, wollte ich ein paar Tage in Valencia bleiben und setzte mich dort in die Fußgängerzone, um Porträts zu zeichnen.

So kam ich spontan zu einem größeren Auftrag. Ein Kneipenbesitzer bat mich, die kompletten Wände des Gastraums mit überlebensgroßen Bildern von Bob Marley zu bemalen.

Da die Kneipe immer erst spät am Abend öffnete, lernte ich so auch das raue Nachtleben einer Großstadt mit all ihren Facetten kennen.

Da war es eine schöne Abwechslung, nach Vollendung meines Werkes in ein verlassenes Bergdorf zu wandern. Zwei junge Studentinnen hatten mich eingeladen, sie dort zu besuchen. Zusammen mit anderen jungen Menschen versuchten sie, ein in den siebziger Jahren verlassenes Bergdorf wiederzubeleben. Die Menschen verließen damals das Dorf, da die Infrastruktur für sie nicht mehr zufriedenstellend war. Keine direkte Zufahrt über eine Schnellstraße, keine Stromversorgung und sieben Kilometer bis zum nächsten Ort mit Schule, Arzt, Werkstätten und Einkaufsmöglichkeiten.

Die Reisekasse konnte ich zwischendurch mit dem Zeichnen von Porträts aufbessern.

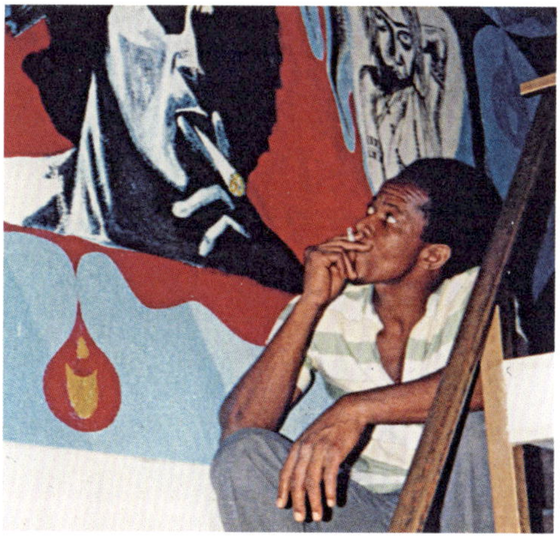

In einer Kneipe in Valencia bekam ich den Auftrag, alle Wände mit überlebensgroßen Bildern von Bob Marley zu bemalen.

Das verlassene Bergdorf Artejuela, das von jungen Menschen wieder neu belebt wurde

Unser erstes im noch intakten Holzbackofen von Artejuela selbstgebackenes Brot

Das verlassene Dorf Artejuela lag an einem steilen Südhang. Die kleinen Häuser fügten sich sehr schön in das Landschaftsbild ein. Es gab ein ausgeklügeltes Bewässerungssystem für die Bewirtschaftung der angelegten Terrassen, einen noch funktionsfähigen Brotbackofen und viele mehr oder weniger verfallene Häuser.
Verlassen hatten die Menschen das Dorf auf der Suche nach einem guten Leben und wieder besiedelt wurde es nun von jungen Menschen aus dem gleichen Grund. Auch sie suchten nach einem besseren Leben. Vielleicht liegt es daran, dass die Menschen beim Streben nach materiellem Wohlstand das Sättigungsgefühl nicht berücksichtigt haben und sich so das Wohlgefühl langsam ins Gegenteil verkehrt hatte. Die jungen Menschen versuchten jetzt, das gesunde Maß für ein gutes Leben zu finden.

Nach vier Wochen mit vielen schönen Erfahrungen des einfachen Lebens ging die Reise für mich wieder weiter. Immer an der Küste entlang in Richtung Afrika. Viele Kilometer später kam ich in der Straße von Gibraltar, in der Hafenstadt Algeciras an. Von diesem Hafen aus konnte ich mit der Fähre nach

Mein Freund und Lehrmeister zu den Themen Geduld, Geschwindigkeit und Zeit

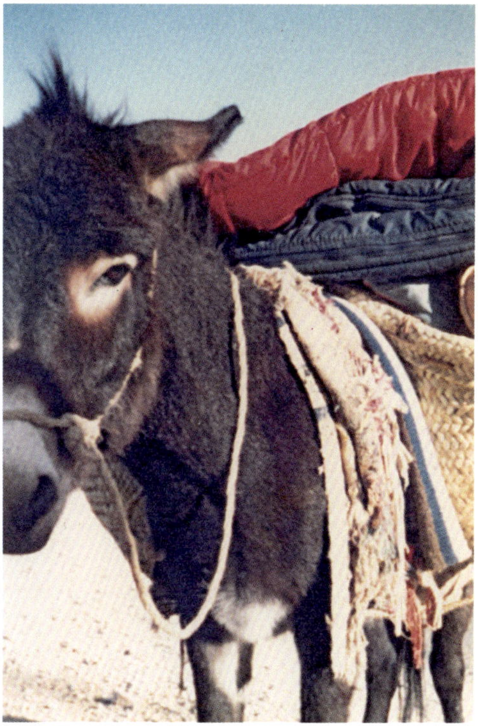

Marokko übersetzen. In Marokko angekommen durfte ich noch eine ganz eigene Erfahrung zum Thema Zeit machen:

Ich wollte mein Fortbewegungsmittel wechseln. Für ein Kamel reichte das Geld nicht, so wurde ein Esel mein nächster Lehrmeister. Der beste Lehrer zum Thema Geduld, den man sich vorstellen kann. So langsam war ich noch nie unterwegs. Plötzlich kam mir die Reisegeschwindigkeit mit dem Fahrrad unglaublich schnell vor. Viel zu schnell, um all die Schönheiten, die sich entlang des Weges bestaunen ließen, wahrnehmen zu können. Das war meine ganz persönliche Entdeckung der Langsamkeit.

Trotz dieser Langsamkeit kamen wir an unser Ziel. Ungefähr ein Jahr war vergangen seit meinem Start in Bamberg, als ich mit meinem Esel, am Ende einer Oasenstraße, den letzten Ort vor der Sahara erreichte. Seit Wochen plagte mich immer wieder ein Zahn, der eine Wurzelbehandlung benötigt hätte. Ein Durchkommen nach Mauretanien war nicht möglich, da es einen Streit mit Marokko um die spanische Sahara gab. Da entschied ich mich, dass das der richtige Zeitpunkt für die Heimreise war. So verkaufte ich meinen Freund Esel und machte mich mit Bus und Bahn auf den Weg zurück nach Deutschland.

1985 – Die Kunst

Diesmal wartete kein gewohntes Leben auf mich und ich konnte mir auch nicht vorstellen, mir gleich wieder eine Arbeit zu suchen, um Geld zu verdienen. Eines stand fest: Für Geld würde ich mein Leben nicht hergeben. Ich würde nur Dinge tun, die mir Freude bereiten.

Freude empfinde ich, wenn die Dinge, die ich tue, sinnvoll sind und wenn diese mit meinen Werten und Vorstellungen im Einklang sind.

Ich bewarb mich an der Fachoberschule für Gestaltung in Würzburg und wurde tatsächlich angenommen. Dort lernte ich sehr viel Handwerkliches und Theoretisches rund um das Thema Gestaltung. Bald schon war klar, dass unser System bereits in den Schulen mitbestimmt, wie die Ziele des Unterrichts auszusehen haben. Bei einem Streitgespräch mit einem der Lehrer gegen Ende des ersten Schuljahres fauchte er mich an: »Ihre Fantasie können sie zu Hause lassen!«

So machte ich das auch, aber da mir meine Fantasie sehr wichtig war, blieb ich bei ihr und beendete das Schuljahr bereits vorzeitig.

Bei einem Besuch in der Staatsgalerie von Stuttgart sah ich den Aushang einer freien Kunstschule, die in Bad Boll eröffnet wurde und noch Studenten suchte. »Freie Kunstschule« – das hörte sich nicht schlecht an, obwohl es ja schon erstaunlich ist, dass selbst Kunstschulen scheinbar in der Regel nicht frei sind. Nach einem kurzen Bewerbungsgespräch und dem Vorlegen einer Mappe stand dem Besuch an der freien Kunstschule in Bad Boll nichts mehr im Weg.

Nun lernte ich sehr viel in den Bereichen Malerei und Bildhauerei. Ich beschäftigte mich mit den Biographien unterschiedlicher Künstler wie Wassily Kandinsky, Paula Moderson Becker, Piet Mondrian und Marc Chagall. Am meisten beeindruckten mich die Gedanken von Joseph Beuys. Seine Idee des erweiterten Kunstbegriffs mit der Aussage, dass jeder Mensch Künstler sei und dass wir alle gemeinsam an der »Sozialen Plastik« arbeiteten, stieß in mir auf große Resonanz. Er war überzeugt, dass Kreativität die ureigenste Besonderheit jedes Menschen sei, nicht nur derer, die in sogenannten künstlerischen Bereichen arbeiteten.

Literaturhinweis

Harlan, Volker/Rappmann, Rainer/Schata, Peter: Soziale Plastik. Materialien zu Joseph Beuys, Achberger, 1984

Michels, Birgit: Die soziale Plastik – Kunst und Gesellschaft bei Joseph Beuys, GRIN Verlag, München, 2003

Dadurch hatte ich jetzt auch eine zufriedenstellende Antwort für all die Menschen, die immer wieder nachfragten, ob ich denn nun endlich wisse, was ich wolle. Ja, ich hatte meine Berufung gefunden: Ich bin Künstler und mein Kunstwerk ist mein Leben. So musste ich die Kreativität nicht in bestimmte

Mit 26 Jahren in der freien Kunstschule in Bad Boll

Diese Holzskulptur mit dem Titel »Krieger, denk mal!« platzierte ich gegenüber von einem Kriegerdenkmal.

Bereiche einsperren, sie durfte sich in allen Lebensbereichen ausdrücken.

Die Arbeit an der Sozialen Plastik nahm ich recht ernst, was sich in meinem täglichen Leben auch ganz konkret widerspiegelte. So war ich mehrmals mit Flugblättern in Wackersdorf unterwegs, wo eine Wiederaufbereitungsanlage für Brennstäbe aus Kernkraftwerken entstehen sollte. Außerdem demonstrierte ich in Mutlangen, am Stützpunkt der Pershingraketen, wo ich bei einer Sitzblockade auch festgenommen wurde. Für die Gerichtsverhandlung Monate später lehnte ich einen Verteidiger ab. Ich wollte mich selbst verteidigen und es entstand ein langes und interessantes Streitgespräch mit dem Richter. Er hatte in allen vorherigen Verhandlungen immer hohe Strafen ausgesprochen. Ich bekam aber nur eine sehr milde Strafe in Höhe von 50 DM, die ich für eine gemeinnützige Einrichtung bezahlen musste.

Günther Anders
war ein österreichischer Philosoph, entschiedener Atomkraftgegner und Technikkritiker.
Er verstarb 1992 in Wien.

Zu dieser Zeit wurde ich auf einen österreichischen Philosophen aufmerksam. Der damals bereits über achtzig Jahre alte Günther Anders lebte in Wien und wagte es, unsere Politiker öffentlich als Terroristen zu bezeichnen, da er der Meinung war, dass sie durch die Stationierung der Raketen wissentlich den Tod von Millionen Menschen in Kauf nehmen würden.

Meine Neugier war geweckt und ich besorgte mir alle Bücher, die ich von ihm bekommen konnte. Im Sinne des erweiterten Kunstbegriffs arbeitete Günther Anders schon seit vielen

Literaturhinweise

Anders, Günther: Die Antiquiertheit des Menschen. Erster Band. Über die Seele im Zeitalter der industriellen Revolution, C. H. Beck, 4. Auflage, München, 2018

Anders, Günther: Die Antiquiertheit des Menschen. Zweiter Band. Über die Zerstörung des Lebens im Zeitalter der dritten industriellen Revolution, C. H. Beck, 5. Auflage, München, 2018

Anders, Günter: Die molussische Katakombe, C. H. Beck, 2. Auflage, München, 2012

Anders, Günter: Hiroshima ist überall, C. H. Beck, 1. Auflage, München, 1995

Jahrzehnten an der Sozialen Plastik. Mit bestechender Klarheit beschrieb er die Gefahren, die durch den unverantwortlichen Umgang mit Technik entstehen können. Er war der Meinung, dass es Menschen nicht möglich sei, verantwortungsvoll mit der Technologie der Kernspaltung umzugehen, da sie gar nicht die moralische Fähigkeit besäßen, sich die Folgen der damit umsetzbaren Techniken vorzustellen. Seine Beschreibungen bestärkten mich in meinen Aktivitäten gegen Atomkraft und Atomwaffen. Seine Gedanken inspirierten mich letztlich auch, Objektkunst und Gesellschaftskritik im Rahmen meiner Abschlussarbeit an der Kunstschule miteinander zu verbinden.

Als ich erfuhr, dass Freunde von mir nach Wien fahren wollten und es noch freie Sitzplätze im Auto gab, entschloss ich mich ganz spontan dazu, mitzufahren. Ich wollte die Gelegenheit nutzen, um diesen Menschen persönlich kennenzulernen.

In Wien angekommen wälzte ich die dicken Telefonbücher der Stadt und war überrascht, als ich tatsächlich Anders´ Namen und auch seine Adresse darin fand. Eine Stunde später stand ich mit klopfendem Herzen vor seinem Wohnblock und drückte auf die Klingel. Mein Herzschlag beschleunigte sich, als ich das Surren des Türöffners hörte. Ich ging durch die Haustür und sah, dass in der Mitte des langen Flurs die Tür von einer alten Frau geöffnet wurde. Auf meine Frage nach Günther Anders bat sie mich, einen Moment zu warten. Kurz darauf schlurfte ein kleines Männlein mit schlohweißem Haar auf mich zu. Mit funkelnden Augen schaute er mich schräg von unten über den Rand seiner Brille an. Dann fragte er mich mit provokanter Stimme, ob ich denn wisse, welches Jahr wir schreiben würden. Ich stammelte ganz verdutzt etwas von 1986 vor mich hin. Daraufhin fauchte er mich an, dass vor über fünfzig Jahren das Telefon erfunden worden sei und ich es offensichtlich nicht für nötig hielt, mich telefonisch anzukündigen. Ich muss recht verdattert geschaut haben, so dass er mit etwas freundlicherer Stimme fragte, was ich denn in Wien machen würde. Als ich ihm sagte, dass ich nur wegen ihm hier sei, meinte er: »Sie sind ja total verrückt, na dann kommen Sie mal rein.«

Das anschließende Gespräch hatte zur Folge, dass ich meine Abschlussarbeit an der Kunstschule den Gedanken von Günther Anders widmete. Er sah eine große Gefahr für die Menschheit darin, dass sich die technischen Fähigkeiten enorm schnell entwickelt hatten und das moralische Erleben weit dahinter zurückblieb. Beispielhaft beschrieb er das am Ersten Weltkrieg, als man beim Töten des Gegners mit dem Bajonett den qualvollen Tod direkt miterleben musste. Im Zweiten Weltkrieg beispielsweise konnte man bereits in wenigen Sekunden mit dem Maschinengewehr 20 Menschen töten. Das moralische Empfinden war aber nicht zwanzigmal mehr und beim Bomberpiloten

Das Plakat hob die Bedeutung des ICH für die Wirklichkeit hervor. Zentral waren die berühmten drei Affen abgebildet, die nichts sehen, nichts hören und nichts sagen – ganz ähnlich, wie wir mit der Wirklichkeit umgehen.

Ich beim Aufhängen der Plakate zur Eröffnung der Ausstellung »WIRKL-ICH-KEIT«

Abschlusspräsentation meines Projekts

Für mehrere Tage waren die Spritzen vor dem Gebäude aufgebaut.

von Hiroshima war es nur eine einzige Handbewegung, die den Tod von 200.000 Menschen zur Folge hatte. Vollkommen unmöglich, das moralisch zu empfinden.

Diese Problematik versuchte ich in meiner Arbeit an plastisch erlebbaren Objekten darzustellen. Das Thema der Arbeit war die »WIRKL-ICH-KEIT«. Ich im Zentrum der Wirklichkeit und welchen Wechselwirkungen es zwischen mir und der Wirklichkeit gibt.

So bemalte ich 50.000 Plastikspritzen von Hand mit schwarzer Farbe und klebte diese auf weiße Schalbretter, um zu zeigen, dass bereits diese Zahl unser Vorstellungsvermögen übersteigt. Die Spritzen repräsentierten die ca. 50.000 atomaren Sprengköpfe, die zu dieser Zeit auf der Erde stationiert waren – Dimensionen, die für unsere Sinne nicht erlebbar sind.

Es ist schwierig bis unmöglich, verantwortungsvoll mit Techniken umzugehen, die wir weder erleben noch begreifen können.

Neben der Malerei waren es unsere Sinne und damit verbunden unsere Wahrnehmung, die mich in dieser Zeit besonders beschäftigten. Welche Bedeutung haben unsere Sinne für unser Leben und wie gehen wir mit unseren Sinnen um?

Literaturhinweis

Kükelhaus, Hugo: Entfaltung der Sinne. Erlebnisse mit dem Erfahrungsfeld, Fischer Taschenbuch, 13. Auflage, 1997

Der deutsche Künstler Hugo Kükelhaus, der durch sein »Erfahrungsfeld zur Entfaltung der Sinne« bekannt wurde, vertrat die Meinung, dass die menschlichen Sinne und Fähigkeiten in ihrer Funktion den Muskeln sehr ähnlich sind. Wenn sie nicht genutzt werden, dann bilden sie sich zurück.

Vielleicht sind in uns ja Wahrnehmungsorgane angelegt, mit denen wir sowohl uns als auch die Natur und unsere Verbundenheit mit ihr ganzheitlicher wahrnehmen können.

Vermutlich wurden diese Wahrnehmungsorgane von der indigenen Bevölkerung über die letzten Jahrhunderte immer genutzt und trainiert, so dass sie auch heute noch die Fähigkeit haben, diese Qualitäten wahrzunehmen und dadurch die Zusammenhänge für ein gutes Leben wortwörtlich für sie offensichtlich sind.

Bei uns sind durch die Fokussierung unserer Sinne auf andere Themen diese Fähigkeiten immer mehr verkümmert. Durch unser künstlich geschaffenes Umfeld und durch den technischen Fortschritt wurden die Erfahrungsmöglichkeiten durch unsere Sinne immer weiter in eine Richtung fokussiert und alle anderen Bereiche wurden reduziert.

Beispiel Fernsehen: Unserem Seh- und Hörsinn wird in relativ schlechter Qualität die ganze Welt vorgegaukelt, die normalerweise eine reiche Erlebniswelt für alle Sinne wäre. Im Durchschnitt verbringen wir Deutsche zehn Jahre unseres Lebens vor diesem perfekten Massenverblödungsinstrument. Das las ich in einer Studie vor dem Handyzeitalter. Heute, wo die Menschen ihre Bildschirme praktisch rund um die Uhr bei sich haben, sieht es sicher noch ganz anders aus. Fotografieren und Posten sind wichtiger geworden als das tatsächlich sinnliche Erleben, wodurch unsere Sinne schwächer werden.

Genau genommen sind wir heute eine schwachsinnige Gesellschaft.

In dem Maß, in dem wir an sinnlicher Erlebnisqualität verlieren, versuchen wir, die äußeren Eindrücke zu verstärken. Das führt dazu, dass wir immer mehr Gewicht auf die Intensität äußerer Eindrücke legen. Lauter und schneller. Vielleicht ist das ein Grund dafür, dass sich viele Menschen von Extremsportarten angezogen fühlen.

Technische Errungenschaften erleichtern uns nicht nur das Leben, durch sie geht auch ein vielseitiges, sinnliches Erfahrungsfeld verloren. Nur zwei Beispiele dazu:

Als kleiner Junge durfte ich immer das Garagentor für meinen Vater öffnen. Ein Unternehmen, das großes Geschick erforderte, da ich viel zu klein war, um es mit den Händen ganz hochzuschieben. Ich brauchte also genau den richtigen Schwung. Sowohl bei zu wenig als auch bei zu viel Schwung kam es mir wieder entgegen. Wenn es dann doch einmal klappte, war ich ganz stolz darauf. Heute wird das im Normalfall mit einem Knopfdruck auf der Fernbedienung erledigt.

Mit der Sense ein Stück Wiese zu mähen ist ein erfüllendes Erlebnis, bei dem wir unseren ganzen Körper spüren. Es erfordert viel Geschick und einen gut koordinierten Bewegungsablauf von Armen und Beinen. Dazu kommen noch das Schleifen und Dengeln der Sense. Durch moderne Rasenmäher berauben wir uns eines vielfältigen Erlebnisfelds für unsere Sinne und bezahlen dafür auch noch mit Geld – also mit Lebenszeit. Wenn wir die Krönung der Rasenmähtechnik, nämlich einen Mähroboter kaufen, dann verlieren wir dadurch sogar doppelt Lebensqualität. Zum einen, weil wir das Geld dafür verdienen müssen – dafür setzen wir Lebenszeit ein! – und zum anderen, weil wir die Chance auf sinnliche Erfahrung ungenutzt verstreichen lassen.

Wenn unsere sinnlichen Erlebnisse immer weniger und schwächer werden und dadurch unsere Sinne verkümmern, dann vermissen wir das Leben und wir versuchen, das zu kompensieren. Wir versuchen, befriedigende Erlebnisse auf eine andere Art zu erzielen. Wir gönnen uns »Dinge« und wir vergrößern unseren Besitz in der Hoffnung, dass wir dadurch erfüllende Eindrücke erleben können.

Nicht nur, dass das unseren Mangel an sinnlichen Erlebnissen niemals ausgleichen kann, gleichzeitig zerstören wir durch die Herstellung dieser vielen »Dinge« und den dafür notwendigen Ressourcenverbrauch unsere natürliche Lebensgrundlage.

Ein gutes Leben ist immer auch ein sinnvolles Leben.

Durch unsere Sinne wird das Leben sinnvoll.

Ohne unsere Sinne wird es ein sinnentleertes Leben. Je weniger Sinne – desto mehr Dinge! Und das geht immer auf Kosten des guten Lebens für alle.

So, wie wir für ein gesundes Leben auf unseren Körper und unsere Muskeln achten und bei Bedarf ins Fitnessstudio gehen, so benötigen wir für ein gutes Leben ein Umfeld, in dem sich unsere Sinne üben, stabilisieren und stärken können. Das gibt es erfreulicherweise ganz umsonst, ohne monatliche Beiträge. In der Natur werden alle unsere Sinne angesprochen. Beim Spaziergang durch den Wald, am Strand, in den Bergen und am See. Das zeigt sehr deutlich, dass ein gutes Leben immer im Einklang mit den natürlichen Zusammenhängen stehen muss.

1988 – Kolumbien

Es gab noch eine weitere Begegnung an der Kunstschule, die sich auf mein Leben prägend auswirkte. Unter den wenigen Studenten im ersten Jahr war auch Tatiana, eine bildhübsche junge Studentin aus Cali in Kolumbien. Wir fanden Gefallen aneinander und nach dem zweiten Jahr kreierten wir gemeinsam das lebendige Kunstwerk einer jungen Familie. Der neuen Erdenbürgerin gaben wir den Namen Marcela.

Da wir unschlüssig waren, in welchem Land wir den nächsten Lebensabschnitt verbringen wollten, besuchten wir für drei Monate das wunderschöne Kolumbien. Dort durfte ich ganz neue Fähigkeiten entwickeln. Die Kunst der Improvisation und das Umgehen mit ungeplanten Ereignissen. Die Menschen vor Ort waren lebenslang geschult in diesen Disziplinen. Ich würde mich nicht als blutigen Anfänger bezeichnen, aber ich muss gestehen, dass mich manche Situationen an den Rand des Wahnsinns brachten. Nur gut, dass ich bereits die harte Schule meines Esel-Meisters hinter mir hatte!

In Kolumbien hatte ich auch meine erste Begegnung mit den guten Hausgeistern, den sogenannten »Muchachas«. Meist dunkelhäutige Frauen, die fast in jedem Haushalt ab der unteren Mittelschicht anzutreffen waren und die Arbeiten erledigten, die man selbst nicht machen wollte. Oft für eine äußerst gerin-

Tatiana mit Marcela und Hund auf der Finca in den kolumbianischen Anden

ge Bezahlung und unter für mich bis dahin nicht vorstellbaren Bedingungen. Für mich war das nichts anderes als moderne Sklaverei. Ich war entsetzt. Je mehr ich mich mit diesem Phänomen auseinandersetzte, desto bestürzter und trauriger wurde ich. In Kolumbien waren die Klassenunterschiede für jeden offensichtlich und man hatte persönlich Einflussmöglichkeit darauf. Ich war tatsächlich so naiv, dass ich glaubte, dass es seit vielen Jahren keine Sklaverei mehr gäbe. Jetzt konnte ich nicht mehr ignorieren, dass unser sogenannter »entwickelter Lebensstil« nur durch Sklaven möglich ist. Wir könnten kein Handy, keine elektronischen Geräte, keine Kleidung – schlicht die wenigsten Konsumartikel zu so günstigen Preisen einkaufen, wenn nicht an anderer Stelle auf unserem Planeten Sklavenarbeit stattfinden würde. Mit Bestürzung las ich, dass für unsere Lebensweise pro Kopf ca. 40 Sklaven arbeiten müssen. Das ist kein gutes Leben, das das Wohlergehen aller mit einbezieht.

Marcela vor einer Hütte in den Anden

Auf **slaveryfootprint.org** kannst du herausfinden, wie viele Sklaven in etwa für dich arbeiten.

Die Landschaften und die Natur in Kolumbien waren atemberaubend schön, die Menschen lebensfroh und herzlich, aber durch die unberechenbare Gewalt, die zu diesem Zeitpunkt vor Ort herrschte, entschieden wir uns, den nächsten Lebensabschnitt in Deutschland zu verbringen.

1989 – Kassel

Zurück in Deutschland hörten wir von einer biologischen Baumschule in der Nähe von Kassel und wir machten uns auf den Weg, diese zu besichtigen. Es passte ganz gut in unser Konzept, mehr über Bäume zu lernen, um später eventuell einmal im Bereich der Wiederaufforstung zu arbeiten. Da die als Verein organisierte Baumschule dringend noch Mitarbeiter suchte, konnten wir dort sofort anfangen. So lernte ich, wann und wie man Bäume aussät, das Verschulen der Sämlinge und das Pflanzen von größeren Bäumen. Was mich am meisten faszinierte, war die Kooperation und die Kommunikation der Organismen untereinander. Nicht nur zwischen Pflanzen, sondern auch zwischen Pilzen und Pflanzen. Die Pilze, die mit Bäumen zusammenarbeiten, werden Mykorrhiza genannt. Sie lösen Mineralien aus der Erde und versorgen damit die Bäume, die selbst keinen Zugang zu diesen Mineralien haben. Als Ausgleich bekommen die Pilze von den Bäumen Kohlenhydrate, die diese durch die Photosynthese herstellen. Plötzlich standen da für mich nicht mehr einzelne Bäume nebeneinander. Ich sah einen lebendigen, mit allem verbundenen Organismus vor mir. Einen Wald. Bäume, die alle miteinander verknüpft sind, die miteinander kommunizieren können und gemeinsam den Organismus Wald bilden. Das *Gutes Leben* geht achtsam und rücksichtsvoll mit diesem lebenden Organismus der Natur um, da dieser ja umgekehrt unser Leben überhaupt erst ermöglicht.

In dem Jahr, in dem wir dort lebten und arbeiteten, brachten wir unser zweites lebendes Kunstwerk, Silvano, durch eine Hausgeburt zur Welt.

Silvano auf dem Bauernhof in Uess

1990 – Eifel

So rücksichtsvoll der Verein mit den pflanzlichen Zusammenhängen umging, so rücksichtslos war oft der diktatorische Führungsstil innerhalb der Organisation. Da uns das menschliche Miteinander genauso am Herzen lag wie der gute Umgang mit den Pflanzen, verließen wir den Verein nach einem knappen Jahr und zogen nach Uess in der Eifel. In dem 50-Seelen-Dörfchen gab es einen biologisch-dynamischen Bauernhof mit Getreidezucht, der von einer kleinen Gemeinschaft aus drei Menschen bewirtschaftet wurde. Wohnraum war ausreichend vorhanden, Arbeit noch mehr und so freuten sie sich über tatkräftige Unterstützung. Neben dem Melken und dem Umgang mit Kühen, Schafen und Schweinen lernte ich sehr viel über unsere Mutter Erde.

Dabei vergrößerte sich für mich der lebendige Organismus der Pflanzen in einen lebendigen Erdorganismus. Mit Staunen ließ ich mir erklären, dass in einer Handvoll fruchtbarer Erde mehr Organismen leben, als es Menschen auf der Erde gibt. Der Begriff »Mutter Erde« bekam eine ganz neue Bedeutung für mich. Aus Lehm und Dreck wurde lebendige Materie voller Wunder – unsere wundervolle Erde.

Ein gutes Leben beinhaltet für mich seither einen respektvollen Umgang mit dem Organismus »Mutter Erde«, der im lebendigen Zusammenspiel mit den Pflanzen für unsere Ernährung sorgt.

Im Nachbartal lebte eine junge Familie, die sich eine Imkerei aufbaute und ihren Lebensunterhalt mit der Produktion von Bienenwachskerzen verdiente. Mit ihnen freundete ich mich an und so half ich immer wieder bei der Kerzenproduktion. Gleichzeitig waren sie damit beschäftigt, ihr Wohnhaus und Werkstatträume aufzubauen. Ich war schwer beeindruckt von Stephan Becker, der neben der Imkerei und den Kerzen den kompletten Hausbau selbst bewerkstelligte. Es gab keinen einzigen Handwerker auf der Baustelle. Vom Ausbaggern der Fundamente bis zum Decken der Dächer mit Kupfer baute er alles in Eigenleistung. Entweder er wusste wie es geht, oder er kannte jemanden, der ihm sagen konnte, wie es gemacht wird. Stephan zeigte mir, dass man mehr oder weniger alles selbst machen kann, wenn man weiß, was man will und wenn man bereit ist, die dafür erforderliche Zeit und Geduld aufzubringen.

In unserer Eifler Zeit brachten wir unser drittes lebendes Kunstwerk, Camila, zur Welt. Da die Eifel recht dünn besiedelt ist, sind auch die Hebammen dort rar. Die einzig erreichbare stand im entscheidenden Moment nicht zur Verfügung, so dass Cami-

Der außergewöhnliche Entwurf des Wohnhauses stammte von dem Künstler Günther Manke. Durch die eigenwilligen Formen der Zimmer war schon das Mauern der Fundamente sehr anspruchsvoll.

Entsprechend der Räume hatten auch die Dachflächen unterschiedliche Formen und Neigungen. Zum Decken der Dächer verwendeten wir Kupfer.

Die unterschiedlichen Gebäude – Imkerei, Kerzenmanufaktur, Wohnhaus, Heizhaus und Schafstall – bildeten ein Gesamtkunstwerk, dessen Bau viele verschiedene Fähigkeiten erforderte.

la sich ohne fachliche, aber mit liebevoller Unterstützung auf den Weg in unsere Welt begab. Gemeinsam haben wir das gut hinbekommen, da wir ja bereits zweifach Erfahrung gesammelt hatten. Ehrlicherweise muss ich zugeben, dass ich nicht ganz so viel dazu beigetragen habe. Außer meiner Anwesenheit musste ich mich nur entscheiden, an welcher Stelle ich die Nabelschnur durchschneiden wollte. Es war die aufregendste, aber auch die schönste Geburt. Erfahrung und Vertrauen sind manchmal wichtiger als modernste, technische Ausrüstung.

Marcela (hinten) und Camila (vorne)

An einem schönen Wochenende bekamen wir Besuch von meinem Schwager Ingo und seiner Frau. Sie erzählten, dass sie dringend Verstärkung für die Vermarktung ihrer Produkte im Hofladen suchten. Das hörte sich recht interessant an: Eine Gemeinschaft, die eine biologisch dynamische Landwirtschaft und eine Gärtnerei betreibt und das im Umfeld von Helixor, einer Firma, die Heilmittel herstellt. Wir machten aus, dass wir eine Woche zur Probe vorbeischauen würden. Gesagt, getan, geblieben.

1994 – Schwaben

So begann unsere Zeit auf der Fischermühle und damit auch das Lernen über die Zusammenhänge vom Anbau gesunder Lebensmittel, gesunder Ernährung und Gesundheit. Für mich wurde immer deutlicher, dass die Basis für das *Gute Leben* der respektvolle Umgang mit den Prozessen, Kreisläufen und natürlichen Zusammenhängen der Erde ist. Es geht darum, mit der Natur zu kooperieren, um zum Beispiel gesunde Lebensmittel herstellen zu können und damit die Gesundheit aller zu gewährleisten. Was für die Natur gut und heilsam ist, ist auch für unseren Organismus gut und heilsam. Sind doch die Energie und die Gesetzmäßigkeiten, die durch beide wirken, genau die gleichen. Es ist ein untrennbarer, zusammenhängender Kreislauf. Was wir zu uns nehmen, wird zu einem Teil unseres Körpers und was wir von uns geben, wird zu einem Teil der Erde. Und früher oder später werden auch wir wieder ein Teil von diesem natürlichen Kreislauf. Das wurde mir in den nächsten Monaten schmerzhaft bewusst.

1997 – Vom Leben zum Tod

Mein Vater wurde überraschend krank und nach wenigen Tagen diagnostizierten die Ärzte fortgeschrittenen Magenkrebs, der nicht mehr behandelbar war. Sie sprachen von maximal zehn Wochen Lebenserwartung. Das war für mich der Beginn einer intensiven Auseinandersetzung mit dem Leben und dem Sterben. Zusammen mit Tatiana begleitete ich meinen Vater die letzten zehn Tage seines Lebens rund um die Uhr. In dieser Zeit lernte ich noch sehr viel Neues von ihm und ich realisierte, dass die Auseinandersetzung mit dem Sterben eines geliebten Menschen immer gleichzeitig auch die Auseinandersetzung mit der eigenen Endlichkeit ist. Ich erlebte, dass der Tod und das Sterben das größte Tabu in unserer Gesellschaft sind.

Das Sterben gehört aber zum Leben und es kann unseren Blick für eine neue Dimension des Seins öffnen, die sich bereichernd auf unser Leben auswirkt.

Das *Gute Leben* beinhaltet auch das Sterben. Es gibt die Idee, dass eine Kultur mit dem Leben genau so umgeht, wie mit dem Sterben. Das würde für unsere Gesellschaft bedeuten, dass wir dem Leben genau so aus dem Weg gehen, wie dem Sterben. Goethe drückte das mit wenigen Worten aus:

Und solang du das nicht hast,
dieses: Stirb und werde!
Bist du ein trüber Gast
auf der dunklen Erde.

Die Situation im Bestattungsbüro, als ich mit meinen vier Geschwistern den Sarg für meinen Vater aussuchen musste, wollte ich so nicht noch einmal erleben. Ich wollte nicht, dass meine Familie einmal in eine ähnliche Situation gerät. Dass sie einen Sarg auswählen müssen, der ihnen nicht gefällt, der unverhältnismäßig teuer ist und bei dem sie wissen, dass ich mich nicht freiwillig reinlegen würde. Da wollte ich mir doch lieber schon zu Lebzeiten einen Sarg bauen, um Klarheit darüber zu haben, wo ich einmal landen werde. Als das Exemplar fertig war, wollte ich es nicht irgendwo nutzlos lagern und so machte ich daraus ein schönes Regal. Meine Geschwister waren ja schon einiges von mir gewohnt, aber das ging ihnen dann doch zu weit. Das wäre ja wohl total verrückt, sich einen Sarg in die Wohnung zu stellen, meinte meine jüngere Schwester.

Ein paar Jahre später wurde meine Mutter krank und es war schnell klar, dass sie nicht wieder gesund werden würde. Meine

Schwester hatte eine schöne, kleine Einliegerwohnung in ihrem Haus und nahm meine Mutter dort auf, so dass sie im engsten Familienkreis noch eine schöne Zeit vor sich hatte. Wenige Wochen später kam dann der Anruf, dass meine Mutter gestorben sei und dass wir Geschwister uns alle in Würzburg bei meiner Schwester treffen würden. Als wir einen halben Tag später alle bei meiner Schwester zusammensaßen, dauerte es nicht lange, bis sich meine Geschwister daran erinnerten, dass ich ja einen Sarg bei mir in der Wohnung hätte. Nach dem einstimmigen Beschluss, dass wir diesen verwenden wollten, fuhr ich noch einmal zurück ins Schwabenland und kam mit dem Sarg auf dem Anhänger wieder in Würzburg an. Gemeinsam bemalten und beschrieben wir ihn dann noch mit bunten Farben.

Ein multifunktionales Regal, das in wenigen Minuten zum Sarg umgebaut werden kann.

Dadurch entstand eine ganz besondere Beziehung zu dem Sarg und so außergewöhnlich der Sarg gestaltet war, so besonders wurde auch die gesamte Beerdigung. Keine zwei Wochen später rief mich meine Schwester an, um einen Sarg für sich zu bestellen. Sie hatte ihre Meinung zu dem Thema grundlegend geändert.

In den folgenden Jahren baute ich noch achtmal »meinen« Sarg, der dann immer eine neue Bestimmung fand, weil sich Freunde und Bekannte daran erinnerten, wenn sie unvorbereitet in die Situation kamen, einen Sarg zu benötigen.

Das Sterben ins Leben zu integrieren ist nicht nur eine Bereicherung für das Leben, es ist schlichtweg auch praktisch und ermöglicht mehr Selbstbestimmung. Selbstbestimmung in einer Zeit, in der wir durch notwendige, schnelle Entscheidungen oft sehr stark von außen bestimmt werden.

Der selbst gebaute Sarg wurde zu einem gemeinsamen Kunstwerk gestaltet.

Zwei Sarg-Regale die im Workshop entstanden sind.

Für eine längere Transportstrecke sollte man ein größeres Auto nutzen.

Diese Überzeugung motivierte mich, ein- bis zweimal im Jahr einen Sargbau-Workshop anzubieten. Bei den in der Zwischenzeit recht gut besuchten Workshops entsteht im Bewusstsein der Sterblichkeit immer eine ganz besondere Stimmung und Arbeitsatmosphäre.

1999 – Wohnen

Meine Zeit im Hofladen der Fischermühle neigte sich dem Ende zu. Ich lernte dort, dass für ein gutes Leben gesunde Ernährung eine wichtige Komponente ist, dass es aber nur ein Aspekt von vielen im Gesamtzusammenhang unseres Lebens ist. Neben meiner Arbeit im Hofladen der Fischermühle machte ich ein Fernstudium für »Baubiologie« beim IBN (Institut für Baubiologie und Nachhaltigkeit) in Neubeuern bei Rosenheim. Daraus entwickelte sich dann mein nächster Lebensabschnitt, in dem ich mich als Baubiologe selbständig machte. Dabei erfuhr ich viel über die Bedeutung unserer »dritten Haut«. Unsere tatsächliche Haut wird die meiste Zeit mit der zweiten Haut, unserer Kleidung, bedeckt und mit dieser sind wir wiederum die meiste Zeit von unserer dritten Haut, nämlich einer Gebäudehülle, umgeben. Die Wände, innerhalb derer wir einen großen Teil unserer Lebenszeit verbringen, haben großen Einfluss auf unser Wohlgefühl.

Ich lernte nicht nur viel über die Qualität von Materialien, sondern auch über die Wirkung von Formen und Farben. Über mehrere Jahre besuchte und untersuchte ich unzählige Wohnungen und Häuser und lernte täglich mehr über die Zusammenhänge von umbautem Raum und Gesundheit. Teilweise war ich schockiert. Ich kam in Wohnräume, die mit »artgerechtem« Leben nichts zu tun hatten. In Kolumbien erlebte ich, dass Menschen auf der Müllhalde leben – hier bei uns leben manche Menschen in der Müllhalde. Nein, nicht dass die Wohnungen durch Messies vollgemüllt waren, es waren auf den ersten Blick sehr modische, schicke Wohnräume. Aber bei genauerem Hinsehen hatten die meisten Materialien eher die Qualität von Müll, als die von gesunden Baumaterialien. Der Fußboden aus Laminat und somit Sondermüll, auf den Wänden ein Kunststoffputz oder Vinyltapeten, Kunststofffenster, an der Decke Paneele aus Pressspan mit aufgedruckter Holzfolie und alle Designmöbel aus Pressspan mit schönen Folien beschichtet. Keine Oberfläche, die Feuchtigkeit aufnehmen oder abgeben konnte, aber dafür viele Materialien, die ungesunde Stoffe ausdünsteten. Was bedeutet es für einen natürlichen Körper, der vom Austausch mit natürlichen Stoffen lebt, in einem so unnatürlichen Umfeld zu leben? Da ja alles mit allem verbunden ist und sich gegenseitig beeinflusst, ist es für einen gesunden Körper ein echte Herausforderung, in einem ungesunden Umfeld gesund zu bleiben.

Für das *Gute Leben* brauchen wir ein Umfeld mit möglichst natürlichen Materialien. Zum einen für unsere eigene Gesundheit und zum anderen zum Wohl des gesamten Erdorganismus. Natürliche Materialien bleiben immer im Kreislauf des Entstehens und Vergehens, ohne giftige und unnatürliche Rückstände zu hinterlassen. Künstliche Materialien und Verbundmaterialien lassen sich nicht umweltgerecht »entsorgen«, da wir auf diesem Planeten nichts wegwerfen können, das uns an anderer Stelle nicht wieder irgendwo begegnet. Unverrottbare Materialien werden noch vielen Generationen nach uns Sorgen bereiten. Einen kleinen Vorgeschmack davon bekommen wir schon heute: Unsere Strände und Meere sind voll von Kunststoffen und Mikroplastik.

Ein natürlicher und gesunder Stoffkreislauf ist eine wichtige Voraussetzung für ein gutes Leben für alle.

Neben Hausuntersuchungen, der Messung von Schadstoffen und der Messung von schädlichen Strahlungen beschäftigte ich mich in dieser Zeit intensiv mit dem Lehmbau. Lehmbau ist die praktische Verbindung der Themen »gesunde Erde« und »gesundes Wohnen«, denn wir nutzen dabei die gesunde Erde direkt als Baumaterial. Es gibt wohl keinen anderen Baustoff, der sich so positiv auf unser Raumklima auswirkt wie Lehm. Lehm ist ein natürliches Material, das unbegrenzt wiederverwendet werden kann, das sich regulierend auf die Luftfeuchtigkeit auswirkt, das Gerüche absorbieren und Wärme speichern kann. Lehm lässt sich plastisch gestalten und die Verarbeitung macht großen Spaß. Lehm ist ein Wunder der Natur!

2003 – Vom Lehm zur Energie

Der Bauherr einer größeren Lehmbaustelle arbeitete in der Forschung für solarthermische Kraftwerke. Während wir seine Werkstatt aus selbstgefertigten Lehmsteinen aufbauten, bekam er einen großen Auftrag für die Entwicklung einer faltbaren Parabolrinne. Alleine konnte er das nicht bewältigen und er fragte mich, ob ich mir vorstellen könnte, ihn dabei zu unterstützen. Da die Energiefrage eine wichtige Rolle bei der Planung des *Guten Lebens* spielt, war das meine Gelegenheit, tiefer in diese Thematik einzusteigen.

In den nächsten Jahren arbeitete ich an richtig spannenden Projekten in dem Bereich »Forschung und Entwicklung« für Erneuerbare Energien.

Aufbau der faltbaren Parabolrinne

Nachdem ich mich nun intensiv mit den Zusammenhängen in der Natur beschäftigt hatte, kam die Zeit, in der ich mich mit den technischen Möglichkeiten auseinandersetzte. Wie können wir mit technischen Innovationen ein gutes Leben für alle unterstützen? Parabolrinnen-Kraftwerke, solare Turmkraftwerke, Aufwindkraftwerke, Photovoltaik und konzentrierende Photovoltaik um nur einige Technologien zu nennen, zeigten mir, dass eine 100%ige Versorgung mit Erneuerbaren Energien nicht an den technischen Möglichkeiten scheitert. Wenn wir wissen, was wir wollen, können wir es auch erreichen.

In unserer globalisierten Welt ist es wichtig, die Zusammenhänge auch global zu betrachten. Wenn mein »gutes Leben« zur Folge hat, dass Menschen in anderen Teilen der Welt leiden müssen, dann ist es kein gutes Leben.

Wenn wir stolz darauf sind, dass wir in Deutschland für die Stromproduktion keine Steinkohle mehr abbauen, dann ist es schockierend, zu erfahren, dass unsere großen Stromanbieter Steinkohle aus Kolumbien beziehen und sie dort riesige Flächen von Regenwaldgebieten zerstören. Menschen, die seit hunderten von Jahren dort ihre Heimat haben, werden mit brutalen Methoden aus der Region vertrieben oder getötet. Wenn wir für unser »gutes Leben«, das wir dann auch noch als ökologisch bezeichnen, an anderer Stelle die Natur und das Leben anderer Menschen zerstören, dann ist es kein gutes Leben.

Quelle
Film: La Buena Vida – Das gute Leben (2015), Buch, Regie & Produktion: Jens Schanze

Nach den Abenteuerjahren im Bereich von Forschung und Entwicklung, in denen nie klar war, ob sich die Ideen auch tatsächlich umsetzen lassen und wenn ja, mit wem, sehnte ich mich nach einer etwas berechenbareren Beschäftigung. Da passte es wunderbar, dass sich unser Sohn, Silvano, mit seinen jetzt bereits 17 Jahren, im Bereich der Photovoltaik selbständig machen wollte. Gemeinsam gründeten wir die Solera-Sunpower GbR. Aus meiner Sicht war dies das perfekte Geschäft für einen professionellen Weltenretter, da es eine Win-win-win-Situation erzeugt. Wir verdienen damit unseren Lebensunterhalt, die Kunden profitieren ebenfalls und gemeinsam retten wir die Welt.

Durch die enorme Motivation, die unerschöpflich scheinende, jugendliche Energie von Silvano und die geeigneten Rahmenbedingungen entwickelte sich unser Unternehmen rasant. Wir nahmen noch einen dritten, kapitalstarken Partner dazu und in weniger als zwei Jahren hatten wir über 50 Mitarbeiter und viele hundert Photovoltaik-Anlagen installiert. Nach sieben Jahren und mehreren tausend Anlagen konnte ich rückblickend sagen, dass sich meine Vermutung nur zum Teil bestätigt hat. Es lässt sich in dem Bereich gut Geld verdienen, abhängig von den politischen Rahmenbedingungen, die Kunden sind in den allermeisten Fällen sehr zufrieden und haben finanzielle Vorteile, aber die Welt können wir damit nicht retten. Immer wieder konnte ich den sogenannten »Rebound-Effekt« beobachten: Man baut einer Familie eine Photovoltaik-Anlage auf ihr Einfamilienhäuschen und sie sind ganz stolz darauf, dass sie CO2 einsparen und freuen sich, dass sie jetzt mit gutem Gewissen einmal mehr im Jahr in den Urlaub fliegen können. Die nächsten kaufen sich mit gutem Gewissen das große Auto anstatt des kleinen. Genau betrachtet verändert sich so fast nichts. Zweifellos haben die Erneuerbaren Energien eine sehr große Bedeutung für unsere Zukunft, aber sie sind nur ein Baustein und nicht die Lösung unserer Probleme.

Ohne die Bereitschaft, unseren Lebensstil zu ändern, wird es auf diesem Planeten kein gutes Leben geben.

BESTANDSAUFNAHME UND NEUE PLÄNE

DAS JAHR 2015 BEGANN FÜR MICH MIT EINER BESTANDSAUFNAHME.

IN WAS FÜR EINER WELT LEBE ICH?

WIE LEBE ICH PERSÖNLICH?

WAS HABE ICH ERREICHT?

WO STEHE ICH? WO MÖCHTE ICH HIN?

FRAGEN, DIE MICH LETZTLICH INSPIRIERTEN, EIN NEUES LEBENSEXPERIMENT ZU STARTEN.

STATUS QUO

Wenn ich in die Welt schaue, stelle ich Folgendes fest:

Die Luft, die wir zum Atmen brauchen, ist in vielen Städten so verschmutzt, dass unsere Gesundheit darunter leidet.

Das Wasser der Meere ist extrem mit Chemikalien, Kunststoffen und Mikroplastik belastet. Unzählige Tiere sterben an den Folgen dieser Verschmutzung. Auch die Verunreinigung unseres Trinkwassers nimmt kontinuierlich zu und wirkt sich negativ auf unsere Gesundheit aus.

Die Humusschicht der Erde, die für den Anbau von Lebensmitteln unabdingbar ist, nimmt durch unser Verhalten täglich ab. Hauptverantwortlich dafür sind Massentierhaltung und industrielle Landwirtschaft. Damit wir günstiges Fleisch kaufen können, halten wir »Nutztiere« unter unwürdigen Bedingungen auf engstem Raum und füttern sie zum Beispiel mit »billigem« Soja aus Südamerika. Dort wird Regenwald gerodet oder abgebrannt, um Anbauflächen zu schaffen. Nach wenigen Jahren ist die dünne Humusschicht des ehemaligen Regenwaldes ohne die schützende Vegetation erodiert. Zurück bleibt eine unfruchtbare Brachlandschaft, die sich kaum erholen kann. Also werden wieder neue Flächen abgeholzt und damit ein wichtiger Lebensraum zerstört. Der Preis, den wir für Lebensmittel bezahlen, die auf diese Weise hergestellt werden, ist also alles andere als günstig.

Quelle zu den Angaben auf dieser Seite:

FAO. 2011. The state of the world's land and water resources for food and agriculture (SOLAW) – Managing systems at risk. Food and Agriculture Organization of the United Nations, Rome and Earthscan, London

Die Weideflächen auf der Erde gelten bereits zu 20 % als zerstört. Ursachen dafür sind Überweidung, Erosion und Verdichtung des Bodens. Diese Zahl sei laut FAO – der Ernährungs- und Landwirtschaftsorganisation der Vereinten Nationen – in Trockengebieten sogar noch höher. Dort trage zu allem Überfluss oft noch falsches Management zum Voranschreiten der Desertifikation (Wüstenbildung) bei.

Die Bodenversiegelung schreitet immer weiter voran. Gutes Ackerland, das wir durch Misswirtschaft nicht zerstört haben, machen wir durch den Bau neuer Straßen und Gebäude unbrauchbar.

Die Gesundheit der Ökosysteme verschlechtert sich dramatisch. Unser Konsumverhalten und unsere Maßlosigkeit verursachen zur Zeit das sechste große **Artensterben** auf diesem

Planeten – das erste Artensterben, das durch uns Menschen verursacht wird. Täglich sterben ca. 100 Arten aus, von denen uns viele vermutlich noch nicht einmal bekannt waren. Viele weitere stehen kurz vor der Ausrottung.

Aber nicht nur draußen in der Natur findet das Artensterben statt, sondern auch in unserem Körper. In einem gesunden menschlichen Darm leben deutlich mehr Bakterien, als wir Körperzellen besitzen. Diese setzen sich aus hunderten unterschiedlicher Arten zusammen. Durch den Einfluss unseres Lebensstils, z.B. ungesunder Ernährung, findet hier ein großes Artensterben statt. Und fehlen bestimmte Bakterien, werden wir anfälliger für Krankheiten. Die Vielfalt um uns und in uns ist enorm wichtig für ein gesundes Leben.

Quelle

Das »Globale Assessment« des Weltbiodiversitätsrates IPBES von 2019 (die umfassendste Beschreibung des Zustands unserer Ökosysteme und ihrer Artenvielfalt seit 2005: IPBES (2019): Summary for policymakers of the global assessment report on biodiversity and ecosystem services of the Intergovernmental Science-Policy Platform on Biodiversity and Ecosystem Services. IPBES secretariat, Bonn, Germany. 56 pages.

Literaturhinweis

Chutkan, Robynne: Das Mikrobiom. Heilung für den Darm. Der revolutionäre Weg zu neuer Gesundheit von innen heraus, Unimedica ein Imprint des Narayana Verlags, 1. Auflage, 2017

Und als wäre das alles nicht schon schlimm genug, verändern wir durch einen rücksichtslosen Lebensstil auch noch das **Klima**, wodurch an immer mehr Orten auf der Erde die Voraussetzungen für das *Gute Leben* nicht mehr gegeben sind.

Obwohl wir eigentlich die Mittel und Möglichkeiten haben, die Weltbevölkerung zu ernähren, hat die Zahl der hungernden Menschen in den letzten Jahren nicht abgenommen. Es befinden sich **Millionen von Menschen auf der Flucht** vor Hunger, Trockenheit und Kriegen. Sie flüchten, weil sie die Bedingungen dort, wo sie leben, nicht mehr ertragen. Jedes Jahr nimmt die Zahl der Menschen, die ihre Heimat verlassen, zu.

Doch auch die Menschen, die nicht hungern und nicht auf der Flucht sind, führen oft kein gesundes, kein glückliches Leben. Gerade in Ländern, in denen die Menschen keine materielle Not leiden, kämpfen viele mit **psychischen Problemen**. Die Anzahl depressiver Menschen nimmt hier ähnlich schnell zu wie der materielle Reichtum. Der sogenannte »Burnout« wurde praktisch zur Volkskrankheit.

Zu all den psychischen Problemen kommen noch viele **körperliche Gebrechen** durch einen ungesunden Lebenswandel. Fettleibigkeit, Diabetes und Herz-Kreislauf-Erkrankungen sind Begleiterscheinungen unseres verschwenderischen Lebensstils. Falsche Ernährung, wenig Bewegung, steigender Drogenkonsum und Stress setzen dem menschlichen Organismus zu.

Die gesellschaftlichen Rahmenbedingungen für eine gesunde Entwicklung unseres Körpers wurden in den letzten Jahren zusehends schlechter. Es gibt immer weniger Menschen, die sich rundum wohl und glücklich fühlen. Zusammenfassend lässt sich sagen: **Die Mehrheit von uns führt kein gutes Leben.**

Das Artensterben ist ein Spiegelbild unseres Bewusstseins. Wir begreifen uns – unsere Natur – als Rohstofflager für die Schaffung von materiellen Werten. Wir legen unseren Fokus darauf, uns möglichst günstig und schnell zu ernähren, um möglichst effizient zu sein. Dadurch geht enorm viel Leben verloren! Das Artensterben um uns und in uns repräsentiert das Sterben der Kreativität und Fantasie in unserem Geist. Wir limitieren uns selbst, wenn wir nur nach immer mehr Reichtum und Konsum streben. Es bleibt kaum Platz für »Nutzloses«, aber Schönes.

Unser Lebensstil hat uns sehr weit von unserer wahren Natur entfernt.

Wir erleben uns als von der Natur getrennte und unabhängige Wesen. Unsere Sensibilität für die Wahrnehmung unserer Verbundenheit mit der Natur haben wir verkümmern lassen.

Wenn wir am Abend mit einer Tüte Chips vor dem Fernseher sitzen, glauben wir tatsächlich, dass die Welt da draußen nichts mit uns zu tun hat. Wir sind davon überzeugt, dass wir ohnehin nichts ändern können. Das ist ein ernsthaftes Wahrnehmungsproblem, denn wir sind mit der ganzen Welt verbunden. Wir realisieren nicht, dass die Welt durch unseren Lebensstil ganz entscheidend mitgestaltet wird. Mit jeder Handlung nehmen wir Einfluss auf die Welt und alles, was mit, in und von ihr lebt!

Raubbau an unserer Natur

Je mehr wir die natürlichen Zusammenhänge aus den Augen verlieren, desto weiter entfernen wir uns von uns selbst. Mit dem Verlust der Fähigkeit unsere Verbundenheit mit der Natur zu erleben, haben wir auch die Verbindung zu uns selbst verloren. Die Folge davon ist, dass wir nicht spüren, wenn wir mit unseren Handlungen die Natur zerstören und auch nicht spüren, wenn wir uns selbst damit schaden. Moderne Zivilisationskrankheiten und psychische Erkrankungen sind die Folge.

Wir betreiben Raubbau an unserer Natur. Sowohl an der Natur um uns als auch an uns selbst. Dabei nehmen wir weder das Leid unserer Umwelt noch unser eigenes wahr.

Statt selbst nachzuspüren, ob sich unser Leben gut anfühlt, verlassen wir uns auf ein System, das uns sagt, dass wir uns immer besser fühlen, je mehr wir konsumieren und besitzen.

Dieser Wahnsinn wird von einem Wirtschaftssystem befeuert, das auf Wachstum – also ständig steigenden Konsum – angewiesen ist, um zu funktionieren. Diesem System geht es weder um ein gutes Leben für uns noch um ein gutes Leben für alle, es möchte sich einfach nur selbst erhalten. Das führt zu immer mehr Reichtum für immer weniger Menschen.

Selbstzerstörung

Dem Erdorganismus geht es nicht gut und uns Menschen auch nicht. Das ist nicht verwunderlich, denn wir gehören zusammen. Die Luft, die durch die grüne Lunge unserer Erde und durch die Ozeane entsteht, ist die gleiche Luft, die unsere Lunge beim Atmen füllt. Das Gemüse und die Früchte, die im Zusammenwirken von Erde, Sonne, Luft und Wasser entstehen, sind die Nährstoffe, die unseren Körper am Leben erhalten. Das Wasser in den Flüssen, Wolken und Meeren ist das gleiche Wasser, das unseren Durst stillt. Es gibt keine Trennung zwischen der Welt da draußen und uns. Wir sind eins!

Wir sind nicht Opfer einer unbeeinflussbaren, natürlichen Katastrophe, wir sind die Verursacher. Das liest sich wie die Krankenakte eines Irren, der sich selbst verletzt und eigentlich vor sich geschützt werden müsste.

Obwohl wir nach einem guten Leben streben, zerstören wir die Natur, die die Voraussetzung dafür ist.

Wie konnte es dazu kommen, dass wir – die sogenannte zivilisierte Bevölkerung – mit einem ressourcenverschlingenden Lebensstil unsere eigene Lebensgrundlage zerstören?

Fehlende Erholung

Wenn sich unser Organismus nicht mehr erholen kann, dann reagiert er mit Krankheit und im Extremfall mit dem Tod. Auf unseren Erdorganismus bezogen, hat das grenzenlose materielle Wachstum ganz ähnliche Folgen. Wir beuten die Rohstoffe der Erde aus, ohne Rücksicht auf die langfristigen Folgen und die eigentlich gut ausgeprägte Regenerationsfähigkeit der Natur zu nehmen. Zusammenhänge und Abhängigkeiten nehmen wir gar nicht mehr wahr. Das kann so weit gehen, dass sich unser Erdorganismus – unsere eigene Lebensgrundlage – nicht mehr erholen kann und dadurch ein Umfeld entsteht, in dem menschliches Leben unmöglich wird. Das ist es, was wir im Augenblick in unserer Umwelt, unter anderem in der Form von Klimawandel, extremer werdenden Wetterphänomenen, Dürren, Wüstenbildung und Artensterben, beobachten können.

Reich, aber leblos

Jede Gesellschaft entwickelt ihr eigenes Welt- und Menschenbild und sie lebt nach Werten, die sich daraus ergeben. Viele indigene Volksstämme erleben sich als Teil der Natur und aus diesem Grund steht der Erhalt der Natur im Wertesystem dieser Menschen ganz oben.

Wir hingegen sehen uns als Bezwinger und Gestalter der Natur. Wir verwandeln Rohstoffe in Materialien, aus denen wir Dinge für ein luxuriöses Leben herstellen. Unser Leben wird immer besser, je mehr wir besitzen – zumindest glauben wir das. Daher sind in unserem gesellschaftlichen Wertesystem die Gewinnmaximierung und das Wirtschaftswachstum ganz oben angesiedelt.

Materielle Grundgeborgenheit

Wachstum ist notwendig, bis wir eine materielle Grundgeborgenheit erreicht haben, die uns ein angenehmes Leben ermöglicht. Jede Energie, die wir darüber hinaus in weiteres materielles Wachstum investieren, fehlt für die Weiterentwicklung an anderer Stelle. Bildung, soziale Kompetenz, Kreativität und Spiritualität sind für unsere persönliche Entwicklung letztlich wertvoller als ein neues Auto oder eine neue Uhr.

Wenn unser Wissen über die Zusammenhänge des Lebens wächst, wenn wir die Sensibilität unserer Sinne schulen, wenn wir unserer Kreativität und unserer Fantasie freien Lauf lassen, dann sind wir wirklich lebendig.

Und das braucht Zeit und Muße. Doch statt einen Gang zurückzuschalten, ist es normal für uns, dass wir die meiste Zeit des Tages damit beschäftigt sind, Geld zu verdienen, um uns Dinge leisten zu können, die uns nicht glücklicher machen. Unser eigentliches Leben spüren wir nicht mehr, die Pünktchen auf dem »u« sind verlorengegangen und wir »spuren« nur noch für unsere Konsumgesellschaft. Am Ende funktioniert unser Organismus vielleicht noch, aber er lebt nicht mehr.

Ausrichtung erlernter Fähigkeiten

Je nachdem, wie sich eine Gesellschaft ausrichtet, entwickelt sie auch ihre Fähigkeiten. Ähnlich wie ein Musiker, der täglich auf seinem Instrument übt, lernen wir, bestimmte Töne oder Missklänge wahrzunehmen und erlangen nach und nach die Fähigkeit, Veränderungen vorzunehmen. In einer Gesellschaft, in der das Wirtschaftswachstum der höchste Wert ist, haben die Menschen einen besonderen Sinn dafür entwickelt, jede Chance wahrzunehmen, Geld zu verdienen und Profite zu maximieren. Konsum ist der Treibstoff für das Wachstum.

Das Ziel der Gewinnmaximierung wird unserer Gesellschaft als flächendeckende Basisimpfung bereits kurz nach der Geburt verabreicht. Diesen Werten entsprechend wird unsere Wahrnehmung geprägt.

So hat sich unser Gewinnmaximierungssinn besonders gut entwickelt. Jede Handlung, jeder Gedanke, jedes Gefühl wird zuallererst darauf abgeklopft, ob sich damit etwas verdienen lässt. Wenn es »sich rechnet«, dann darf man es weiterverfolgen, wenn es sich nicht rechnet, dann wird es gleich wieder verworfen. Rechnen heißt in diesem Fall, dass sich damit ein kurzfristiger, materieller Gewinn erzielen lässt. Alle anderen Ideen verschwinden nach und nach aus den Köpfen und irgendwann entstehen sie gar nicht mehr.

Unser Sinn für die sensiblen Zusammenhänge der Natur ist derselbe, mit dem wir auch uns selbst – unsere eigene Natur – wahrnehmen.

Da wir diese Sinne schon seit vielen Jahren vernachlässigen, sind sie regelrecht verkümmert.

Jetzt, wo es so wichtig wäre, genau diese sensiblen Zusammenhänge wahrzunehmen, um die weitere Zerstörung der Vielfalt des Lebens zu verhindern, müssen wir uns erst mühsam neu orientieren und Verlerntes reaktivieren.

Freude

Materieller Wohlstand ist nur ein kleines Mosaiksteinchen im Gesamtbild des Lebens. Das Leben hat so viel mehr zu bieten! Letztendlich wissen wir sehr genau, mit welchen Ideen und mit welchem Handeln wir Geld verdienen können, aber wir spüren nicht mehr, was uns einfach nur Freude macht. Ganz unabhängig davon, ob wir damit Geld verdienen können oder nicht.

Das geht sogar so weit, dass uns andere schräg anschauen, wenn wir etwas einfach nur tun, weil es uns Freude bereitet. Wenn wir kein Geld verdienen, müssen wir konsumieren, wenn wir beides nicht tun, sind wir »verrückt«. Weggerückt von der üblichen Zielsetzung unseres Systems. Wenn wir für unser Verhalten keine gesellschaftliche Anerkennung bekommen oder gar negative Reaktionen befürchten müssen, dann ändern wir unser Verhalten meist sehr schnell und irgendwann tun wir nur noch das, was von uns erwartet wird. Das führt letztendlich dazu, dass wir irgendwann gar nicht mehr fühlen, was uns wirklich Spaß macht.

Unsere Sinne für Freude, für das einfache Sein, für die Gefühle des Glücks und der Zufriedenheit, für Empathie und Vertrauen, für Kreativität und Fantasie, leiden unter Beschäftigungsmangel und bilden sich immer weiter zurück. Wir fühlen uns nicht mehr, wir fühlen unser Gegenüber nicht mehr, wir fühlen die Welt nicht mehr – wir drücken das Leben in all diesen Bereichen nieder. Die lateinische Übersetzung dafür lautet »Depression« (lateinisch *depressio* von lateinisch *deprimere* »niederdrücken«).

Da das Leben sich aber auch in all diesen Bereichen ausdrücken möchte, geht uns ein großer Teil des Lebens verloren. Unser materieller Reichtum nimmt zu, aber der Reichtum des Lebens nimmt ab.

»Reich, aber leblos« könnte die kürzeste Beschreibung unserer Wachstumsgesellschaft sein.

Da wir bei dieser Entwicklung den Bezug zu einem großen Teil unseres Wesens verloren haben, wird unser Handeln überwiegend von unserem Kopf bestimmt und dieser wird von den Gedanken des materiellen Reichtums dominiert. Wir können gar nicht mehr selbstbestimmt leben, da wir den größten Teil von uns selbst gar nicht mehr wahrnehmen.

Auf dem Weg zu immer mehr Reichtum sind wir uns selbst verloren gegangen.

Wir sind uns und der Welt fremd geworden. Wir sehen in unserer Natur nur die Ressource für unseren materiellen Wohlstand.

Aus der Quelle des Lebens haben wir ein Materiallager gemacht und uns selbst zum schlecht gelaunten Materialverwalter degradiert.

Und das, obwohl es eigentlich extrem anstrengend ist, besitzen wir in Deutschland doch durchschnittlich ca. 10.000 Gegenstände. Oder ist das falsch formuliert – besitzen diese nicht uns? Wir müssen das Geld für die Anschaffung verdienen, uns um den Lagerraum kümmern und dann auch noch um die Pflege oder die Entsorgung. Das kostet Zeit und Energie, die für das echte Leben fehlen.

Wir wissen, dass wir so nicht weitermachen können, wenn wir unser »Materiallager« nicht zerstören wollen und wir spüren, dass wir so nicht weitermachen dürfen, wenn wir uns lebendig fühlen wollen. Es ist höchste Zeit, dass wir uns mit der Frage auseinandersetzen, wie wir zurück ins Leben finden – wie wir in ein gutes Leben finden.

Vom Machen zum Lassen

Da unser Verhalten die Ursache für die katastrophale Situation ist, in der wir uns befinden, sind wir es auch, die eine Veränderung herbeiführen können. Für diesen Richtungswechsel benötigen wir unseren angeborenen, inneren Kompass, der uns zeigt, nach welchen Werten wir leben sollten, damit wir uns und der Welt nicht schaden. Wir müssen uns fragen, welche Ziele wir wirklich verfolgen und ob diese uns näher zu uns selbst und zur Natur führen. Befriedigende Antworten zu finden, ist nicht leicht, da wir den Bezug zu unserem inneren Kompass verloren haben. Wir müssen Geduld haben. Die Veränderung beginnt sofort mit unserer Entscheidung, aber der Prozess wird uns ein Leben lang begleiten.

Wenn wir eine lebenswerte Zukunft für uns und die nachfolgenden Generationen erschaffen wollen, müssen wir allerdings jetzt damit anfangen, denn je länger wir den lebensverachtenden Weg weitergehen, desto schwieriger wird die Heilung. Die Basis dafür ist die Veränderung unserer inneren Haltung. Diese ist verantwortlich dafür, mit welcher Energie wir die Welt um uns gestalten und welche Energie auf uns zukommt.

Wenn uns ein gesundes Leben im Einklang mit der Natur wirklich wichtig ist, dann wird uns das Leben in allen Bereichen unterstützen.

Die Voraussetzung dafür ist jedoch, dass wir uns klar positionieren und den warmen Sumpf der Unentschlossenheit und des Mitläufertums verlassen. Dann beginnen sich auch Körper und Geist in diese neue Richtung zu verändern. Unser Denken und unsere gesamte Wahrnehmung wird sich dieser neuen Ausrichtung anpassen. Wir können Zusammenhänge wahrnehmen, die vorher für uns nicht existierten.

Wenn wir als höchstes Ziel nicht mehr die Maximierung unseres materiellen Reichtums haben, sondern ein gutes Leben für alle anstreben, dann kommen durch die Resonanz unserer Einstellung vielfältige Möglichkeiten auf uns zu. Mit jedem kleinen Schritt, mit dem wir uns ein wenig aus dem Klammergriff der Fremdbestimmung lösen, setzen wir Energie frei für neue Ideen und wir kommen uns selbst ein klein wenig näher. Je näher wir uns selbst kommen, desto klarer wird auch das Bild von dem, was wir wirklich wollen.

Wir müssen nur bereit sein, alte Glaubenssätze, Ziele und Vorstellungen loszulassen und den Mut haben, uns auf Neues, Unbekanntes einzulassen. Wie wichtig diese Entscheidung für unsere weitere Entwicklung ist, das hat schon Goethe in prägnanten Worten zusammengefasst:

Die Essenz der Verpflichtung
von Johann Wolfgang von Goethe

Bis sich jemand verpflichtet hat, ist da ein Zögern,
Die Möglichkeit zum Rückzug

... und immer Untauglichkeit.

Über Entschlusskraft und Schöpfung
gibt es eine grundlegende Wahrheit;
Die Unkenntnis davon zerstört unzählige Ideen
Und großartige Pläne.
Und das ist, dass in dem Moment, da jemand sich endgültig verpflichtet,
Dann auch die Göttliche Vorsehung Einzug hält.

Alle möglichen Dinge ereignen sich, um diesem zu helfen –
Dinge, die sich sonst nie ereignet hätten.
Ein ganzer Strom von Ereignissen ergibt sich aus der Entscheidung.

Sie ruft für jenen, der die Entscheidung getroffen hat, alle möglichen
Unvorhergesehenen Vorkommnisse und Zusammenkünfte und stoffliche Hilfe hervor,
Von der kein Mensch sich hätte träumen lassen,
Dass sie auf diese Weise eintreffen würde.

Was immer Du tun kannst,
Oder wovon Du träumst, du könntest es tun: beginne damit!
Kühnheit trägt Genius, Macht und Zauber in sich.

BEGINNE ES JETZT!

Für das Anhäufen von materiellen Gütern waren wir »Macher«. Wir haben von früh bis spät gearbeitet, um die finanziellen Mittel dafür heranzuschaffen. Wenn es um ein gesundes Leben im Einklang mit der Natur geht, dann verändert sich die Situation. Dann werden wir vom »Macher« zum »Lasser«. Wir lassen Freiräume zu und schenken so dem Leben Raum, dass es sich um uns und in uns in den unterschiedlichsten Facetten entfalten kann. Freiräume für unsere Träume! Das muss nicht heißen, dass wir den ganzen Tag faul und bequem in der Hängematte liegen. Es kann sein, dass wir mehr schaffen als vorher, aber nicht mehr für Dinge, die nichts mit uns zu tun haben und die uns Stress verursachen. Wir engagieren uns dann für das, was sich durch uns ausdrücken möchte. Für das, was uns Freude bereitet. Aber es darf gerne auch vorkommen, dass wir in der Hängematte liegen und nur sind. **Das Sein allein kann sinnvoll sein!**

**Es ist höchste Zeit,
dass wir das Machen lassen und
das Leben machen lassen!**

VISION VON EINEM GUTEN LEBEN

Ich möchte so leben, dass mein Handeln im Einklang mit meinen Erkenntnissen und Gefühlen ist.

Ich möchte in einer Welt leben, in der das Wachstum in allen Bereichen gefördert wird – nicht nur das Wirtschaftswachstum. In einer neugierigen Welt, in der wir durch die Schulung unserer Sinne in uns und um uns immer wieder Neues entdecken, ohne sofort zu fragen, welchen wirtschaftlichen Nutzen dies hat.

Ich möchte in einer Welt leben, in der uns bewusst ist, dass wir kreative und aktive Gestalter sind. In der wir die Verantwortung für das Leben übernehmen. Für das Leben um uns und in uns.

Es ist offensichtlich, dass diese Werte heute noch nicht in unserer Gesellschaft verankert sind, und dass viele Menschen unter der einseitigen Fokussierung auf das materielle Wachstum leiden. Entsprechend dem Leid wächst auch die Kritik an dem bestehenden System, aber ein System verändert sich nicht durch die Kritik, selbst dann nicht, wenn alle Beteiligten derselben Meinung wären. Das System kann sich nur verändern, wenn attraktive Alternativen entwickelt und gelebt werden. Und genau das möchte ich tun!

Eine gerechte und lebensbejahende Gesellschaft stelle ich mir so vor, dass jeder das tut, was ihm Freude bereitet und dafür das bekommt, was er für ein gutes Leben braucht. Davon sind wir allerdings noch weit entfernt. Für mich ist das jedoch kein Grund, nicht schon jetzt so zu leben, wie ich es für richtig halte. Ich möchte in Übereinstimmung mit meinen Überzeugungen leben, unabhängig davon, ob das schon unseren gesellschaftlichen Werten entspricht oder noch nicht.

Ich bin überzeugt, dass es möglich ist, in unserem vermeintlich starren System einen ganz anderen Weg zu gehen, denn ein System besteht aus den unzähligen Wegen vieler Einzelner. Ein neuer Weg ist somit der mögliche Anfang für eine Veränderung des großen Ganzen.

Ich möchte selbstbestimmt und frei leben

Für ein selbstbestimmtes Leben muss ich wissen, wer ich bin und was ich will. Es ist nicht einfach, das in unserer Gesellschaft herauszufinden. An den entscheidenden Stellen in unserem Leben steht meist nicht die Frage »Was möchte ich gerne machen?«, sondern »Womit verdiene ich das meiste Geld?« bzw. »Was ist ein sicherer Job?« und »Wodurch bekomme ich gesellschaftliche Anerkennung?«.

Wenn wir diese Richtung einschlagen, dann steigen unsere Chancen auf materiellen Wohlstand, aber gleichzeitig auch auf persönliches Unwohlsein, denn wir begeben uns Schritt für Schritt in die Fremdbestimmung.

Wir verlieren den Kontakt zu dem, was durch uns Leben möchte.

Wir tun Dinge, die wir nicht für richtig halten, die sich vielleicht auch nicht gut anfühlen, aber wir bekommen Geld dafür und damit können wir unser Handeln rechtfertigen und unseren materiellen Reichtum vergrößern.

Wir glauben, dass wir durch mehr Geld mehr Unabhängigkeit erreichen. Das ist aber nur bis zu einem bestimmten Punkt so, danach kehrt es sich ins Gegenteil und wir werden immer abhängiger. Wir glauben, dass unsere Freiheit und unser Glück von Dingen abhängen. Was uns bleibt, ist die Wahl zwischen unzählig vielen Konsumartikeln – und selbst diese Wahl hat mit Freiheit wenig zu tun. Wir müssen bei unserer Entscheidung schließlich berücksichtigen, welche Moden gerade aktuell sind, was der Nachbar dazu sagt, was uns die Werbung erzählt, welches Gefühl wir mit diesem neuen Produkt haben sollen und so weiter.

Wenn wir die Freiheit haben, zwischen verschiedenen Abhängigkeiten zu wählen, dann werden wir dadurch nicht weniger abhängig und ganz sicher nicht frei. Und für diese Scheinfreiheit opfern wir unsere Lebenszeit.

Frei sind wir, wenn wir zwischen echten Alternativen entscheiden können. Wenn wir wissen, was wir wollen und warum wir es wollen. Frei und selbstbestimmt kann ich leben, wenn ich Muße und Zeit habe, mich selbst besser kennenzulernen. Wenn ich die meiste Zeit meines Lebens einsetzen muss, um Geld zu verdienen, bleibt nicht viel Zeit, um eine bereichernde Beziehung zu mir selbst aufzubauen. Dann weiß ich, was die Gesellschaft von mir erwartet, aber nicht, was ich selbst will.

Wenn ich nicht weiß, wer ich bin, kann ich auch nicht selbstbestimmt und frei leben.

Es gilt also, sich Zeit zu nehmen, um nachzuspüren, welche Kräfte, Chancen und Ideen durch mich leben möchten. Ich muss Vertrauen in mich und meine Gefühle aufbauen. Das gibt mir das Selbstvertrauen, das ich brauche, um mir auch in schwierigen Situationen treu zu bleiben und Veränderung voranzutreiben. Wenn ich die Energie spüre, die durch mich lebt und durch die ich lebe, dann kann ich das Leben fühlen. Dann kann diese Energie durch mich wirken und als mein Selbst mein Leben bestimmen. So kann ich selbstbestimmt leben.

Diese Energie des Lebens ist bedingungslos und frei. Wenn ich das Leben fühlen kann, dann fühle ich mich frei. Ganz egal wo und unter welchen Umständen. So möchte ich leben!

Ich möchte enkeltauglich leben!

Seit vielen Jahren verwende ich das Wort »enkeltauglich«, doch durch Ilian, Lotta und Tiago bekam es eine neue, eine lebendige Bedeutung für mich. Durch sie wurde der Begriff wortwörtlich mit echtem Leben gefüllt. Ilian, Lotta und Tiago sind meine Enkelkinder, die mit ihrer Lebensfreude und ihrer Leichtigkeit mein Leben bereichern. Schon bald werden aus den Kindern Jugendliche und so aufgeweckt, wie sie durchs Leben gehen, werden sie sicher bald viele Fragen stellen. Sie werden für ihr Recht auf ein gutes Leben eintreten und sie werden die älteren Generationen, also mich, fragen, wie wir mit ihrer Zukunft umgegangen sind. Heute freuen sie sich, wenn wir ihnen ein paar Euro zustecken, morgen werden sie damit nicht mehr zufrieden sein. Nein, nicht, dass sie mehr Geld wollten, sie werden uns fragen, warum wir mit unserem Lebensstil dazu beigetragen haben, ihre Zukunft zu zerstören, obwohl wir es besser wussten.

Keiner kann sagen, ihm wäre nicht klar gewesen, was wir im Augenblick mit unserer Umwelt anstellen.

Da ist es ein gutes Gefühl, keine Angst vor solchen Fragen haben zu müssen.

Ich möchte »Buen Vivir« leben

Auf meinen Reisen durch Südamerika begegnete mir immer wieder der Begriff des »Buen Vivir«. Ich wollte wissen, was sich dahinter verbirgt und las das gleichnamige Buch von Alberto Acosta, einem ecuadorianischen Wirtschaftswissenschaftler, Politiker und Intellektuellen, der auch das Vorwort zu diesem Buch geschrieben hat.

Literaturhinweis

Acosta, Alberto: Buen Vivir. Vom Recht auf ein gutes Leben, ökom Verlag, 5. Auflage, München, 2017

Buen Vivir ist eine über viele Generationen hinweg überlieferte Philosophie der indigenen Bevölkerung Ecuadors, die dort bis heute gelebt wird. Sie besagt, dass ein gutes Leben nur im Einklang mit der Natur möglich ist. Für die Indios ist dieser Gedanke selbstverständlich, denn sie erleben sich viel stärker mit der Natur verbunden als wir Europäer. Sie spüren die Macht der Natur viel deutlicher und direkter als wir und merken daher auch, wenn sie droht, aus dem Gleichgewicht zu geraten. Sie leben direkt von und mit der Natur.

Funktioniert ein System nicht mehr, zum Beispiel weil durch übermäßiges Abholzen der Wälder wertvoller Boden erodiert, kann das verheerende Folgen auf die Ernte oder den Wasserhaushalt in der gesamten Umgebung haben. Ein gutes Leben kann also nur dann ein gutes Leben sein, wenn es das Wohlergehen aller Wesen berücksichtigt.

Ein gutes Leben im Sinne des »Buen Vivir« aus Ecuador, oder des »Sumak Kawsay« der indigenen Bevölkerung aus den Anden, lässt sich in etwa so zusammenfassen:

»Buen Vivir« steht für die materielle, soziale und spirituelle Zufriedenheit aller Mitglieder in der Gemeinschaft, jedoch nicht auf Kosten anderer Mitglieder und nicht auf Kosten der natürlichen Lebensgrundlagen – kurzum für ein Zusammenleben in Vielfalt und Harmonie mit der Natur.

Dieses Wissen, oder besser ausgedrückt dieses Bewusstsein, bekommen die Menschen dort praktisch in die Wiege gelegt. Wir in der sogenannten »zivilisierten Welt« werden von klein auf in eine andere Richtung geschickt. Wir streben nach einem »reichen Leben« und haben dabei die Wahrnehmung für unsere Verbundenheit mit der Natur verloren.

Für die Philosophie des *Buen Vivir* konnte ich mich sofort begeistern. Das waren die Inhalte, die mit meinen persönlichen Erfahrungen resonierten. So wollte ich leben und so wollte ich mich und die Welt um mich erleben.

Buen Vivir wurde in Ecuador zur Basis vieler zukunftsfähiger, innovativer Konzepte für Lebens- und Gesellschaftsmodelle, die sich vom westlichen Wohlstandsparadigma deutlich unterscheiden. Es wendet sich gegen ein Leben, das das Individuum in den Mittelpunkt stellt und kaum auf Umgebung und Mitmenschen achtet. Bei diesem Konzept steht die Einheit aus allem, was existiert, im Vordergrund.

Ein konkreter Ansatz, diese Gedanken in unserem Wirtschaftssystem umzusetzen, ist zum Beispiel die von Christian Felber erdachte »Gemeinwohlökonomie«. Felber beschreibt ein Wirtschaftssystem, in dem es für Betriebe attraktiv und sinnvoll ist, als oberste Zielsetzung größtmögliches Gemeinwohl zu haben. Dabei sind Mitgefühl und Kooperation tragende Pfeiler des Wirtschaftens. Dieses Prinzip ist nicht zuletzt ein guter Hebel, um auch in Politik und Gesellschaft positive Veränderungen anzustoßen.

Literaturhinweis

Felber, Christian: Die Gemeinwohl-Ökonomie, Piper, 5. Auflage, München, 2018

Die Weisheit des *Buen Vivir* war sicher auch in unserer Kultur über lange Zeit lebendig, aber durch unsere Fokussierung auf materiellen Reichtum und Wohlstand haben wir vergessen, wodurch echter Wohlstand ermöglicht wird. Neues Wissen ersetzte die alte Weisheit: Wissen darüber, wie wir mit Hilfe neuer Technologien unseren materiellen Wohlstand schnellstmöglich vergrößern können. Heute sind wir in Deutschland so reich wie nie zuvor, aber auf dem Weg zu diesem Reichtum haben wir das große Ganze aus den Augen verloren.

Ich beobachte, dass wir mit unserem aktuellen theoretischen Wissen viele Aspekte des *Buen Vivir*, des *Guten Lebens*, bestätigen. Wir ziehen nach vielen Jahren des Forschens die gleichen Schlüsse, wie sie seit Jahrhunderten von der indigenen Bevölkerung Ecuadors überliefert werden.

Schon 1972 veröffentlichte der »Club of Rome« seinen Bericht »Die Grenzen des Wachstums«, in dem ganz klar geschrieben wird, dass wir nicht weitermachen dürfen wie bisher. Die Studie thematisierte die Endlichkeit unserer Ressourcen und die Dringlichkeit einer internationalen Umweltpolitik.

Im Mai 2019, 47 Jahre später, veröffentlichte der Weltbiodiversitätsrat (IPBES) in Paris einen Bericht zur weltweiten Artenvielfalt. Darin hat er in unmissverständlichen Formulierungen die Dringlichkeit der Situation beschrieben:

»Jedem Erdbewohner – und dem ganzen Planeten – droht durch unser rücksichtsloses, rein kurzfristiges Wirtschaften eine Verarmung von epochalem Ausmaß. Wir sind dabei, Reichtum, der über Millionen Jahre entstanden ist, zu vernichten. Wir führen ganze Ökosysteme, von denen unsere Ernährung, unser Schutz vor Naturkatastrophen und unsere Versorgung mit neuen Me-

Quelle

Das »Globale Assessment« des Weltbiodiversitätsrates IPBES – Die umfassendste Beschreibung des Zustands unserer Ökosysteme und ihrer Artenvielfalt seit 2005 – Chancen für die Zukunft, Auszüge aus dem »Summary for policymakers« (SPM), Stand 6. Mai 2019

dikamenten abhängen, blindlings in die Insolvenz. Mehr noch, wir verhalten uns wie Kriminelle, die nicht nur anderen Lebensformen, sondern sogar ihren eigenen Kindern das wegnehmen, was sie zum Leben brauchen.«

Unsere Wissenschaft kommt durch jahrelange Forschung und unzählige praktische Untersuchungen zu der Erkenntnis, dass ein gutes Leben nicht die Plünderung unserer Erde zur Folge haben darf. Letztendlich bestätigen sie, dass die Definition eines guten Lebens identisch ist mit der Definition des *Buen Vivir* der indigenen Bevölkerung in Südamerika.

Hier treffen sich die beiden Welten wieder, die sich über viele Jahrzehnte immer weiter voneinander entfernt hatten. Jetzt liegt es an uns, den theoretischen Erkenntnissen gelebte Praxis folgen zu lassen. Denn Eines ist klar:

Entweder wir leben das Gute Leben, welches das Wohlergehen aller Wesen beinhaltet, oder wir l(i)eben nicht wirklich.

Um wirklich etwas zu bewegen und voneinander profitieren zu können, müssen wir uns vernetzen und kooperieren. Deshalb freute ich mich sehr, als ich im September 2019 Besuch von Alberto Acosta bekam. Wir hatten ihn zu einer Veranstaltung nach Isingen eingeladen und er nutzte die Gelegenheit, um sich das ownhome anzusehen.

Wir tauschten uns über die Möglichkeiten und über die Schwierigkeiten bei der Umsetzung des *Guten Lebens* in den jeweiligen Ländern aus.

Die Regierungen von Ecuador und Bolivien versuchen das Konzept des *Buen Vivir* auch politisch einzubinden. In beiden Ländern ist *Buen Vivir* bereits Verfassungsrecht.

Doch das eine ist das festgeschriebene Recht und das andere ist die Umsetzung des Rechts im politischen Alltagsgeschäft. Auch diese Länder sind stark beeinflusst von den westlichen Denkstrukturen, die das individuelle, materielle Wohlergehen anstreben. Besonders schwierig wird es, wenn wertvolle Rohstoffquellen im Land vorhanden sind.

Sowohl in den Andenländern, als auch in der westlichen Welt haben die Politiker und auch die Geschäftsleute erkannt, dass die Ideen des *Buen Vivir* ihren Weg in die breite Öffentlichkeit gefunden haben. Aber statt sie umzusetzen, versuchen sie, diese für das System der ressourcenverschlingenden Gewinnmaximierung auszuschlachten. Wir müssen also nicht nur ins Tun kommen, sondern immer wieder hinterfragen, ob das, was wir tun, nicht am Ende doch wieder das System füttert, das wir reformieren wollen.

Ich möchte nicht auf Kosten anderer leben

Ab wann lebt man auf Kosten anderer? Auch mir war nicht klar, in welchem Umfang ich mehr Energie und Ressourcen verbrauchte, als mir bei einer gerechten Verteilung auf alle Menschen zustehen. Dann hörte ich, dass die ETH-Zürich schon in den 90er Jahren untersucht hat, wie viele Ressourcen und Energie jeder Mensch verbrauchen kann, ohne mehr zu verbrauchen, als unser Planet hergibt. Bei einer gerechten Verteilung darf demnach jeder Mensch inkl. Grauer Energie bis zu 2000 Watt verbrauchen. Auch Mobilität, Ernährung und Wohnen müssen von diesen 2000 Watt abgedeckt sein. Zur Zeit leben wir in Deutschland in einer 6500-Watt-Gesellschaft.

Mittlerweile gibt es neun Städte, die eine sogenannte 2000-Watt-Gesellschaft anstreben.

Nun sind die Zahlen schon einige Jahre alt und seit damals sind die Ressourcen, die uns zur Verfügung stehen, deutlich weniger geworden. Gleichzeitig ist die Weltbevölkerung erheblich gewachsen. Man kann also davon ausgehen, dass wir bei einer gerechten Verteilung inzwischen bei einem 1000-Watt-Verbrauch angekommen sind, den wir anstreben sollten. Außerdem sollte man die 2000-Watt-Gesellschaft durchaus kritisch betrachten. Zum einen, da bei der Errechnung dieser Zahl insofern Kompromisse gemacht wurden, als dass die prognostizierte Umsetzbarkeit in Industriestaaten eine Rolle gespielt haben soll, die Zahl also nachträglich nach oben korrigiert wurde. (Das kritisieren Matthias Drilling und Olaf Schnur). Zum anderen ist oft nicht ganz klar, was alles bei den 2000 Watt eingerechnet wird. Ein Kritikpunkt, den z.B. Axel Schubert an einer Studie des Amts für Umwelt und Energie Basel-Stadt zur Umsetzbarkeit der 2000-Watt-Gesellschaft in Basel anführt. Schubert kommt zu dem Schluss, dass eine 1000-Watt-Gesellschaft das Ziel sein muss und zeichnet ein grobes Bild, wie so ein Leben aussehen könnte: 20 m² Privatwohnraum, kein Auto, keine Flugreisen, 9 Personenkilometer/Tag Bahnfahrt, 2000 km Bahnreise in Europa pro Jahr, 12.000 km Schiffsreise pro Jahr, 18 kg Fleisch pro Jahr, 70 Liter Wasser pro Tag, 1 Zeitung pro 10 Bewohner.

Wie wir es auch drehen und wenden, neben der Entwicklung innovativer technischer Lösungen und Helfer, werden wir nicht umhinkommen, unseren Lebensstil drastisch zu ändern. Mein Entschluss stand fest:

Ich möchte nicht mehr Energie und Ressourcen verbrauchen, als mir bei einer gerechten Verteilung zustehen.

Graue Energie
ist die Energie, die für die Gewinnung von Rohstoffen, Produktion von Gütern, sowie deren Versand, Lagerung, Verkauf und Entsorgung benötigt wird.

Watt
Ist die Einheit für Dauerleistung. Das bedeutet, dass wir in einer 2000-Watt-Gesellschaft im Schnitt 2000-Watt Leistung verbrauchen dürfen. Das entspricht ca. 2 Staubsaugern beim Teppichsaugen im Dauerbetrieb.

Mehr Infos zur 2000-Watt-Gesellschaft findest du auf: **www.wirleben2000watt.com**

Quelle

Drilling, Matthias/Schnur, Olaf (Hrsg.): Nachhaltige Quartiersentwicklung. Positionen, Praxisbeispiele und Perspektiven, VS Verlag für Sozialwissenschaften, 1. Auflage, 2011

Quelle

Schubert, Axel: Eine kritische Durchsicht der AUE-Studie »Basel auf dem Weg zur 2000-Watt-Gesellschaft«. Zugleich ein Ausblick, was getan werden kann, 11/2012, veröffentlicht von: WOZ Die Wochenzeitung

Ich möchte in erlebbaren, gesunden Kreisläufen leben

Unser Leben ist eingebettet in die Kreisläufe der Natur. Wenn es uns möglich ist, diese Kreisläufe direkt und bewusst zu erleben, begreifen wir, wie tief unser Leben mit ihnen verwoben ist und wie sehr wir darauf angewiesen sind, dass sie intakt sind. Es wird uns klar, dass wir ein wichtiger Teil dieser Systeme sind und dass wir Verantwortung für sie tragen, obwohl wir sie in der Tiefe vermutlich nie ganz verstehen werden. Es wäre also logisch, sich entsprechend achtsam und fürsorglich zu verhalten, damit man durch die eigene Unvorsichtigkeit und Rücksichtslosigkeit keinen Schaden anrichtet und sich das Leben um uns herum gesund entwickeln kann.

Leider ist das oft nicht der Fall, da wir unser Verhalten nur ändern, wenn wir auch verstehen, warum wir dies tun sollten. Deshalb ist es so wichtig, dass die Kreisläufe, von denen unser Leben und das unserer Umwelt abhängen, für die Menschen wieder direkter erfahrbar werden. Die Tragweite eines unüberlegten Eingriffs in ein natürliches System kann uns so wieder bewusster werden.

Aktuell verursachen wir durch Wissens- und Erfahrungslücken oft Kettenreaktionen, die großen Schaden an unserer Umwelt anrichten. Dies geschieht in den meisten Fällen, ohne dass wir das wollten oder auch nur wissentlich in Kauf genommen hätten. Würden wir unsere Rolle in den Kreisläufen der Natur tatsächlich begreifen und verinnerlichen, würden wir sicher oft anders entscheiden.

Dazu ein Beispiel aus dem Wasserkreislauf. Hier ist es tatsächlich so, dass wir oft nicht wissen, was wir tun, oder besser: uns fehlt das Gespür dafür. Vielerorts graben wir uns wortwörtlich das Wasser ab. In Spanien zum Beispiel wird für den Anbau von Heidelbeeren und Erdbeeren Grundwasser aus natürlichen Reservoirs abgepumpt. Wasservorräte, die sich über einen sehr langen Zeitraum aufgebaut haben und sich nach einer übermäßigen Entnahme in absehbarer Zeit nicht wieder regenerieren können. Dadurch entstehen zwar kurzfristig hohe finanzielle Einnahmen durch Ertragssteigerungen, allerdings fällt der Grundwasserspiegel immer tiefer, wodurch die Wasserversorgung der Felder auf Dauer gefährdet wird. Das ist alles andere als nachhaltig und im Sinne der natürlichen Kreisläufe gedacht!

Die Folgen für Mitmenschen, Tiere und Umwelt werden einfach ausgeblendet, da der Gesamtzusammenhang vermutlich zwar bekannt, aber mit Sicherheit nicht gefühlt und wirklich verstanden wird. In diesem Fall leiden alle anderen Lebewesen, die auch von den Grundwasservorkommen abhängig sind, unter der Maßlosigkeit und der Misswirtschaft der Agrarindustrie. Dessen ungeachtet werden die landwirtschaftlichen Anbauflächen stetig erweitert und es wird mehr und mehr Wasser ohne Rücksicht auf die Geschwindigkeit der natürlichen Regenerationsfähigkeit der Natur abgepumpt. Ich bin überzeugt, dass so etwas nur passieren kann, wenn uns nicht bewusst ist, woher das Wasser kommt und welche langfristigen Konsequenzen sich aus dessen übermäßiger und falscher Nutzung ergeben können. Ich unterstelle einfach einmal, dass wir unsere Enkelkinder schließlich nicht bewusst dem Horror von Trinkwassermangel aussetzen würden.

Das bloße Wissen über diese Zusammenhänge reicht nicht aus, um unser Handeln zu verändern. Wir müssen fühlen, was es wirklich bedeutet, aktiver Teil eines fragilen Systems zu sein. Erst dann werden wir unser Verhalten ändern.

Das Problem beginnt im häuslichen Umfeld. Wir wissen meist nicht, woher unser Trinkwasser kommt, wie viel wir verbrauchen und auch nicht, wohin unser Abwasser geht und was damit gemacht wird. Das führt dazu, dass wir nicht verantwortungsvoll mit der wertvollen Ressource Wasser umgehen.

In dem Augenblick, in dem wir einen gesamten Kreislauf überblicken und uns als Teil von ihm wahrnehmen, übernehmen wir auch Verantwortung und gehen achtsam und bewusster zum Beispiel mit Wasser um. Unser Alltag sieht allerdings so aus, dass wir nur einen sehr kleinen Ausschnitt dieses Kreislaufs kennen – das reicht nicht, um Funktionsweisen und Abhängigkeiten erkennen zu können.

Wenn ich erfahren kann, dass die Qualität meines Abwassers einen direkten Einfluss auf mein Zuwasser hat, achte ich ganz automatisch darauf, was ich in den Abfluss schütte. Mit Giften und anderen schädlichen Substanzen im Abwasser schade ich mir selbst. Vorschriften, Gesetze und moralische Appelle sind dann überflüssig, der logische Menschenverstand und der Selbsterhaltungstrieb halten mich auf Kurs. Es geht schließlich um mein Wohlbefinden. Ich selbst würde schonungslos und direkt die Konsequenzen erleben – nicht die nächste Generation und auch nicht meine Mitmenschen auf der anderen Seite des Globus.

Das alles gilt natürlich für alle komplexen Abläufe und Systeme. Für das Wasser, für die Energie und auch für den Nährstoffkreislauf in der Landwirtschaft. Unsere Umwelt besteht aus offenen Kreisläufen. Überall, wo sie gestört oder unterbrochen werden, wird es für das Leben schwierig. Grundsätzlich gibt es in der gesunden Natur alles im Überfluss: Wasser, Humus, Nahrungsmittel und auch Energie. Wenn wir uns jedoch nicht behutsam in diesen Systemen bewegen, kommen sie aus dem Gleichgewicht und es entsteht an einer Stelle kurzfristig ein Überschuss, aber an anderen Stellen auf lange Sicht ein Mangel.

Ein weiteres Beispiel: Wenn wir zu viele fossile Energieträger in kurzer Zeit verbrennen, bringen wir den natürlichen Kreislauf von Kohlenstoff, Sauerstoff und CO2 aus dem Gleichgewicht und verändern dadurch nicht nur das Klima, sondern beispielsweise auch den Säurehaushalt der Ozeane.

Wir müssen also im Großen wie im Kleinen in Kreisläufen, Systemen und Zusammenhängen denken. Empathie und Mitgefühl mit allen Lebewesen sollte dabei ein Leitgedanke sein. Jede Entscheidung, jeder Eingriff hat eine Vielzahl an Auswirkungen. Das muss uns klar sein, bevor wir handeln.

Veränderung by Design

Wenn wir unsere materielle Grundgeborgenheit erreicht haben, dann sollten wir uns auf das Wachstum unserer Empathiefähigkeit, unseres Mitgefühls und unseres Verständnisses der Kreisläufe der Natur konzentieren. Für solch eine Wachstumsgesellschaft könnte ich mich begeistern.

Eine tolle Begegnung in diesem Zusammenhang war die mit Niko Paech, der wohl einer der bekanntesten Wachstumskritiker Deutschlands ist:

Ich suchte einen interessanten Vortragsredner für unsere Energiegenossenschaft. Als ich einen gefunden hatte, machte die Honorarforderung in Höhe von achttausend Euro das jedoch schlichtweg unmöglich. Diese Geschichte erzählte ich meinem Freund Pablo und er meinte dazu, dass ich Niko Paech anfragen solle. Zum einen würde er packende Vorträge halten und zum anderen würde es sicher nicht am Honorar scheitern. Er würde damit anders umgehen.

Auf meine Anfrage per Mail im November 2012 kam schon nach wenigen Stunden eine Antwort. Er wäre im März in unserer Gegend und da könnte er dann auch bei uns einen Vortrag halten. Nach meiner letzten Erfahrung fragte ich mit der nächsten Mail natürlich sofort nach den Honorarvorstellungen. Daraufhin kam die Antwort, dass er kein Honorar benötige, aber sich freue, wenn wir das Bahnticket und eine günstige Übernachtung übernehmen würden. Umgehend sagte ich ihm beides zu und nach seinem Vortrag übernachtete er in einem

Nico Paech

wurde 1960 in Schüttorf geboren und ist einer der bekanntesten deutschen Wachstumskritiker. Der Diplom-Volkswirt unterrichtet an der Universität Siegen und prägte in Deutschland den Begriff der »Postwachstumsgesellschaft«. Seine Forschungsschwerpunkte liegen im Bereich der Umweltökonomie, der Ökologischen Ökonomie und der Nachhaltigkeit.

Literaturhinweis

Paech, Niko: Befreiung vom Überfluss, ökom Verlag, München, 2012

rustikal ausgebauten Zimmer auf dem Dachboden unseres alten Bauernhauses.

Mit seinem Vortrag begeisterte er die Zuhörer, obwohl er sehr deutlich aussprach, dass wir so nicht weitermachen dürfen, wenn wir nicht die Ursache für enorme Katastrophen sein möchten. Mit dem Begriff der Postwachstumsökonomie beschreibt er ein Wirtschaftssystem, das nicht auf Wirtschaftswachstum angewiesen ist, um die Bedürfnisse der Menschen zu decken. Er zeigt sehr deutlich auf, dass unser aktueller, materieller Wohlstand nur dadurch möglich wurde, dass wir Ressourcen und billige Arbeitsleistung aus anderen Ländern in Anspruch nehmen. Die ökologischen und sozialen Probleme, die bei der Produktion auftreten, sind weit von unserem täglichen Leben entfernt. So können wir Produkte konsumieren, die wir regional niemals herstellen könnten und deren Produktionsmethoden und die mit ihnen verbundenen Auswirkungen auf die Natur wir bei uns sicher nicht akzeptieren würden.

Paech ist der Meinung, dass wir mit einem gesunden Wirtschaftssystem unseren aktuellen, materiellen Wohlstand nicht aufrechterhalten können. Dafür würden wir an Versorgungsstabilität gewinnen und der geringere materielle Wohlstand könnte ein gesteigertes Wohlbefinden mit sich bringen. Wichtiger als nachhaltige Produkte sind für ihn nachhaltige Lebensstile. Das könnte für ihn so aussehen, dass sich die Arbeitszeit auf zwanzig Stunden die Woche reduziert und dadurch Zeit für den Anbau von eigenen Lebensmitteln entsteht oder für die Reparatur von Gegenständen. Wandelbare, wiederverwertbare und vor allem auch reparable Produkte würden nicht nur die Ressourcen schonen, sondern auch handwerkliche, erfüllende Beschäftigungen ermöglichen.

Er zeigte an diesem Abend nicht nur die Probleme unseres aktuellen Wirtschaftssystems auf, sondern beschrieb auch viele konstruktive Lösungsansätze.

Mich hat er am meisten damit beeindruckt, wie er persönlich mit diesem Wissen umgeht. Er lebt genau nach diesen Erkenntnissen, die er anderen Menschen in seinen Vorträgen vermittelt. Er fliegt nicht, hat kein eigenes Auto, liebt Fahrradfahren, verweigert sich der Smartphonetechnik, ist Musiker mit Begeisterung und genießt sein Leben in vollen Zügen (manchmal sogar wortwörtlich), um nur einige Aspekte zu nennen.

In einem seiner Vorträge prognostizierte er, dass die notwendigen Veränderungen auf jeden Fall kommen werden. Die Frage ist nur, ob »by design or by desaster«. Für mich war klar, dass ich mich um das Design kümmern wollte.

Inzwischen hielt er schon mehrere Vorträge bei uns und übernachtete dann immer im ownhome. Mittlerweile schätzen wir uns als Weggefährten mit einem gemeinsamen Ziel.

VON DER VISION ZUR WIRKLICHKEIT

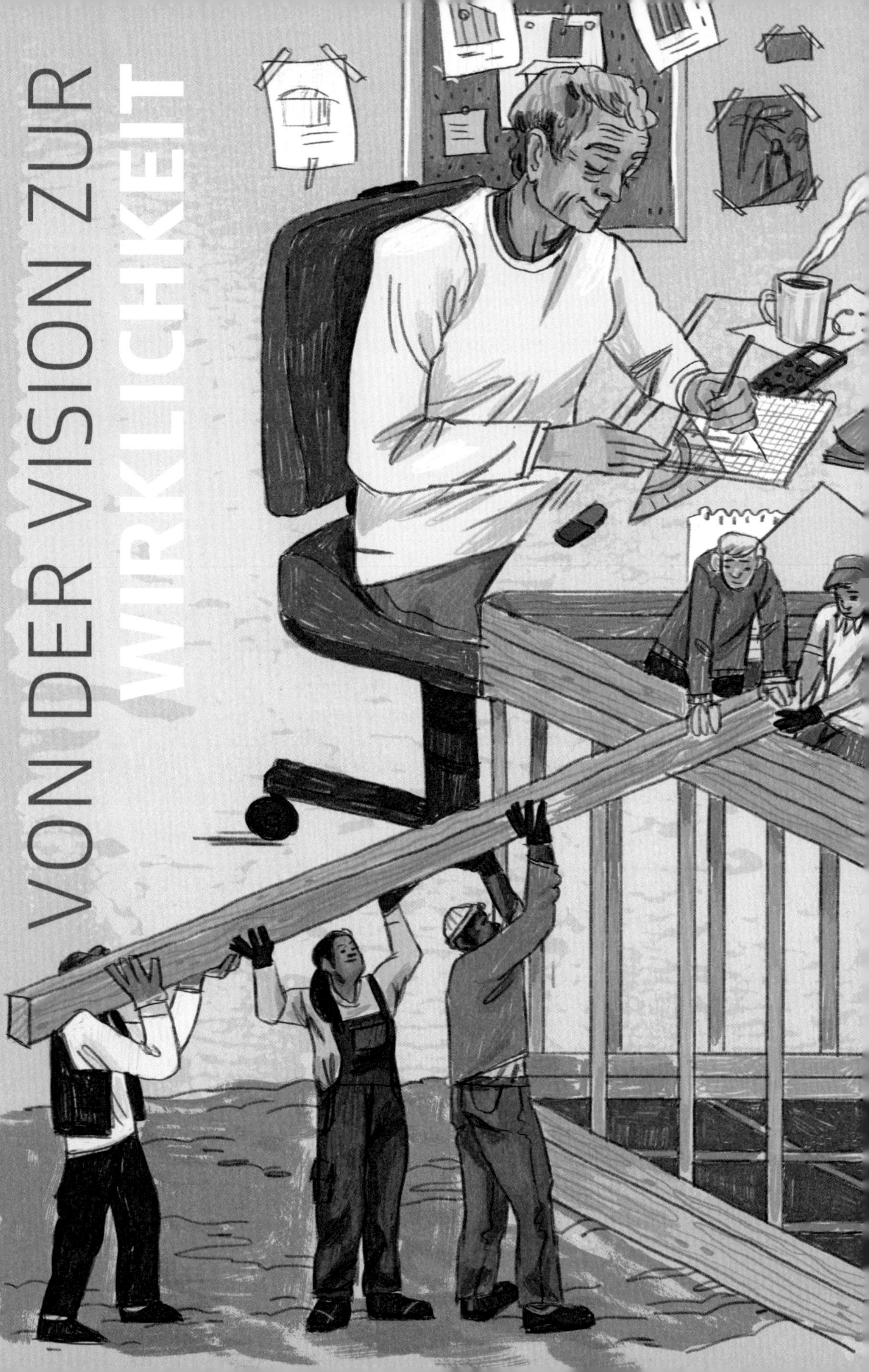

AUS ALL DIESEN ÜBERLEGUNGEN REIFTE ENDE 2015 DER ENTSCHLUSS, MEINE VISION VON EINEM GUTEN LEBEN KONSEQUENT UMZUSETZEN UND ICH STARTETE MEIN NEUES LEBENSEXPERIMENT: DAS »OWNHOME« – EIN KOMPLETT AUTARKES TINY HOUSE. DIESES HAUS SOLLTE EINE ATTRAKTIVE BASIS FÜR EIN GUTES LEBEN FÜR ALLE SEIN.

Ich vereinbarte mit meinem Geschäftspartner, dass ich nur noch bis Ende 2015 in der Solarfirma mitarbeiten würde. Silvano war zu dieser Zeit auch schon aus der Firma ausgeschieden. Danach wollte ich mich komplett der Umsetzung meiner neuen Idee widmen. Glücklicherweise konnte ich bereits in der zweiten Jahreshälfte 2015 die Hälfte meiner Arbeitszeit meinen neuen Ideen widmen. Tag für Tag wurde das Konzept konkreter und bald kristallisierten sich zwei Grundsätze heraus, die zum Maßstab dieses Projekts werden sollten.

1. Einfach machen!

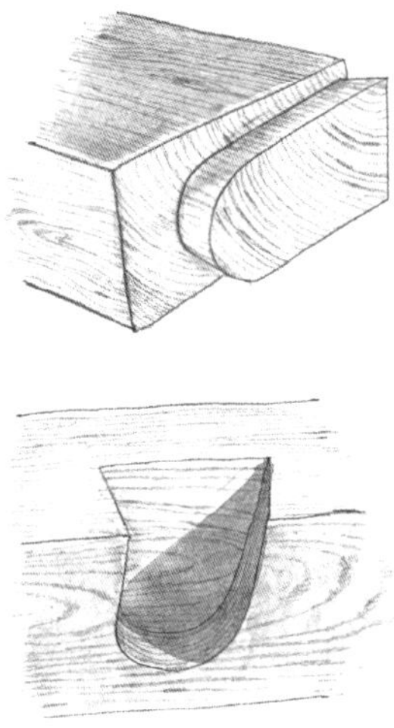

Schwalbenschwanz-
verbindungen
benötigen keine weiteren
Verbindungselemente
wie Schrauben und Nägel und
sind dabei enorm stabil.

Da das ownhome Ausdruck einer Lebensauffassung bzw. eines Wertesystems ist und als Baustein dabei helfen soll, das *Gute Leben* für alle möglich zu machen, hatte ich den Anspruch, es so zu konstruieren, dass es von möglichst vielen Menschen nachgebaut werden kann. Das Haus, das ich selbst bauen wollte, sollte lediglich ein erster funktionierender Prototyp ohne Anspruch auf Perfektion sein.

Das ownhome musste von Laien bau- und individualisierbar sein. Da ich nicht wusste, welche Herausforderungen der Bau dieses ersten ownhomes mit sich bringen würde, galt der doppeldeutige Grundsatz: »Einfach machen!«. Auch würden durch ein möglichst simples Grundkonzept später Individualisierungen leichter umsetzbar sein.

Ein Holzständerbau mit nummerierten Teilen und Schwalbenschwanzverbindungen zum Zusammenstecken war letztlich das Ergebnis meiner Überlegungen. Bei diesem Stecksystem sind kaum handwerkliche Vorkenntnisse erforderlich. Beim Holzständerbau wird das Skelett des Hauses aus Holzbalken errichtet. Die Holzständer bilden von der Schwelle bis zum Dach das tragende System. Der Raum zwischen den Holzständern kann dann gedämmt werden.

2. In Kreisläufen denken

Das ownhome sollte Kreisläufe nicht nur sichtbar und erfahrbar machen, sondern auch selbst Teil von ihnen sein. Konsequenterweise wollte ich also nur Baumaterialien für das ownhome verwenden, die aus natürlichen Kreisläufen entnommen werden und nach Ablauf ihrer Lebenszeit auch wieder problemlos in sie zurückgeführt werden können. Das bedeutet, dass ausschließlich ökologisch sinnvolle und gesundheitlich unbedenkliche Materialien zum Einsatz kommen durften. Ich entschied mich also für die Hauptbestandteile Holz, Kalk und Lehm.

Die Bewohner des ownhomes sollten frei und selbstbestimmt leben können, um so mehr Energie für ein wirklich erfüllendes Leben und für das Vorantreiben wichtiger Veränderungen zu haben. Die Kreisläufe, in die das ownhome eingebunden ist, fördern nicht nur das Verständnis für die natürlichen Prozesse, die uns umgeben, sondern auch die Unabhängigkeit. Durch die sinnvolle Einbettung in die Energie-, Wasser- und Nährstoffkreisläufe entstand ein autarkes Wohnkonzept, wodurch die Lebenshaltungskosten auf ein Minimum sinken. Es muss weniger gearbeitet werden, um Geld zu verdienen, und es bleibt mehr Zeit für das *Gute Leben*.

Wenn man nur die Energie der Sonne nutzt, entstehen kaum laufende Kosten und man ist unabhängig von großen Konzernen, deren Interessen ich nicht unterstützen möchte. Durch die Nutzung eines eigenen Wasserkreislaufs wird der Grad der Unabhängigkeit noch mal deutlich gesteigert. Das Wasser selbst ist ein Geschenk der Natur und die Aufbereitung zu sauberem Trinkwasser verursacht nur geringe laufende Kosten für die Wartung der Technik.

Grundsätzlich bietet uns die Natur alles in großer Fülle: Energie über die Sonne, Wasser in Form von Regen, Grundwasser, Bächen, Flüssen oder Seen, und Nährstoffe bzw. Nahrungsmittel aus dem Boden, auf dem wir stehen. Warum sollten wir die Dinge also nicht dort nutzen, wo sie uns zugänglich sind – dort, wo wir wohnen? Es geht darum, die vorhandenen Ressourcen sinnvoll – also in Kreisläufen denkend – zu nutzen.

Die Sonne spendet nicht nur gratis Energie, sondern auch so manch bezauberndes Farbspektakel.

REGENWASSER
STROM
HOLZ ZUM HEIZEN
PFLANZEN-KLÄRANLAGE
BRAUCHWASSER
ABWASSER
NÄHRSTOFFE

DIE DREI KREISLÄUFE DES OWNHOMES

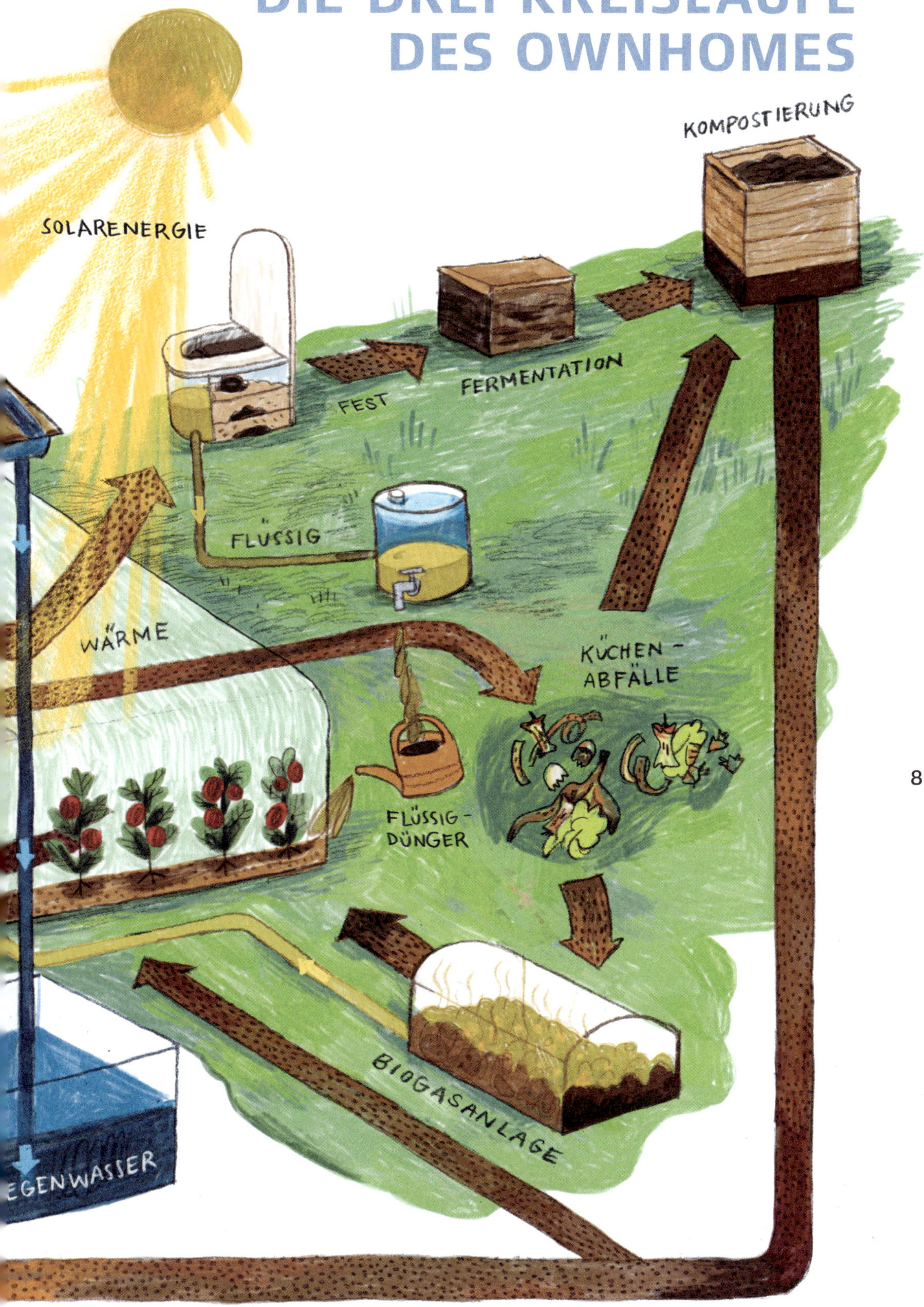

Wasser

Der Wasserkreislauf des ownhomes ist ein offener Kreislauf. Das bedeutet, dass durch Verdunstung, den Stoffwechsel der Bewohner und das Gießen von Pflanzen, die z.B. im direkt angeschlossenen Gewächshaus vorgezogen oder komplett angebaut werden, Wasser verloren geht. Diese Verluste werden dann durch Regenwasser wieder ausgeglichen. Es geht also kein Wasser unnötig verloren.

Das Regenwasser wird über das Dach aufgefangen und in einem Tank gespeichert. Bei Bedarf kann es dann, je nach Anforderung, über unterschiedliche Filterstufen zum Duschen, Spülen, Waschen und Trinken aufbereitet werden.

Das Abwasser – ausschließlich Grauwasser, also Wasser, das nicht mit Fäkalien belastet ist – wird aufgefangen und dem Filtersystem beginnend mit der Pflanzenkläranlage wieder zugeführt. Es bleibt dem Wasserkreislauf des Hauses also erhalten. Da sich mit Fäkalien belastetes Wasser nur mit viel Aufwand klären lässt, werden die Hinterlassenschaften der Bewohner strikt vom Wasserkreislauf getrennt in den Nährstoffkreislauf zurück gegeben. Dafür gibt es eine Trocken-Trenn-Toilette.

Energie

Strom

Das Dach eines Hauses bietet nicht nur Schutz, sondern ist bei der richtigen Ausrichtung des Gebäudes eine ideale Fläche, um über Photovoltaik die Energie der Sonne abzugreifen. Für die Nächte und die Zeit mit weniger Sonne wird der Strom in Batterien gespeichert.

Streng genommen ist die Nutzung der Sonnenenergie kein Kreislauf, tatsächlich ist sie in solchem Übermaß vorhanden, dass an dieser Stelle kein Kreislauf aufgebaut werden muss. Wenn es um Erneuerbare Energien geht, muss man sich meist eher fragen, ob man bei deren Installation und Wartung andere sensible Kreisläufe negativ beeinflusst. Zerstören Solarfelder Lebensräume? Beeinträchtigen Windkraftanlagen die Tierwelt? Werden durch ein Wasserkraftwerk die sensiblen Kreisläufe eines Flusses gestört?

Wärme

Zum Befeuern des Badeofens, der für Warmwasser sorgt und im Winter das Haus heizt, benötigt man Holz und an dieser Stelle ist man dann doch wieder in einen Kreislauf eingebunden: Die Asche wird dem Nährstoffkreislauf als Dünger zugeführt. Es muss nur darauf geachtet werden, dass man nicht mehr Holz verheizt, als nachwachsen kann. Da sich der Bedarf auf einen Raummeter pro Jahr beschränkt, ist das im Fall des ownhomes absolut kein Problem.

Der Wintergarten, der direkt an der Südseite des Hauses angebaut ist, übernimmt in der kalten Jahreszeit auch einen Teil der Heizleistung.

Für das Kochen im ownhome gibt es zwei Energiequellen: zum einen mit Methanol auf einem zweiflammigen Herd und in einem Backofen, zum anderen mit Biogas. Das ist unsere neueste Energiequelle, die wir selbst erzeugen. Diese ist ein wichtiger Bestandteil im Kreislauf von Materie und Energie. Reste von Lebensmitteln und Gartenabfälle werden dort von Bakterien zu Methangas und einem hochwertigen Gärrest verarbeitet, der als Dünger verwendet werden kann.

Noch ist **Methanol** in den meisten Fällen ein Abfallprodukt aus der Gasindustrie. Es gibt jedoch die ersten Firmen, die daran arbeiten, Methanol mit CO2 aus der Atmosphäre und mit Wasserstoff, der aus Erneuerbaren Energien gewonnen wird, zu synthetisieren.

Nährstoffe

Auch Nährstoffe werden rund um das ownhome in einem Kreislauf gehalten: Wir entnehmen der Erde Nährstoffe in Form von Lebensmitteln oder Brennstoff, verarbeiten diese und geben sie ihr als Asche, Gärreste, Urin und Kot wieder zurück. An dieser Stelle sind also die einzelnen Kreisläufe des ownhomes sogar untereinander verbunden.

Eine moderne Trocken-Trenn-Toilette hilft, den Nährstoffkreislauf übersichtlich zu gestalten und die einzelnen Komponenten den Kreisläufen so zur Verfügung zu stellen, dass sie auch sicher verwertet werden können. So kann Urin verdünnt direkt als Flüssigdünger genutzt werden, wohingegen die Feststoffe zuerst fermentiert und dann kompostiert werden müssen, bevor sie wieder in den Kreislauf aufgenommen werden können.

Der Wintergarten ist auch ein wichtiger Bestandteil des Nährstoffkreislaufs. Da er hauptsächlich für die Anzucht und Kultivierung von Nutzpflanzen gedacht ist, werden hier sowohl Nährstoffe für den Menschen erzeugt, als auch Nährstoffe in Form von Kompost in der Pflanzenerde verwertet.

Originalskizzen:
Wie könnte das ownhome aussehen? Wie soll die Wasserversorung aufgebaut sein?

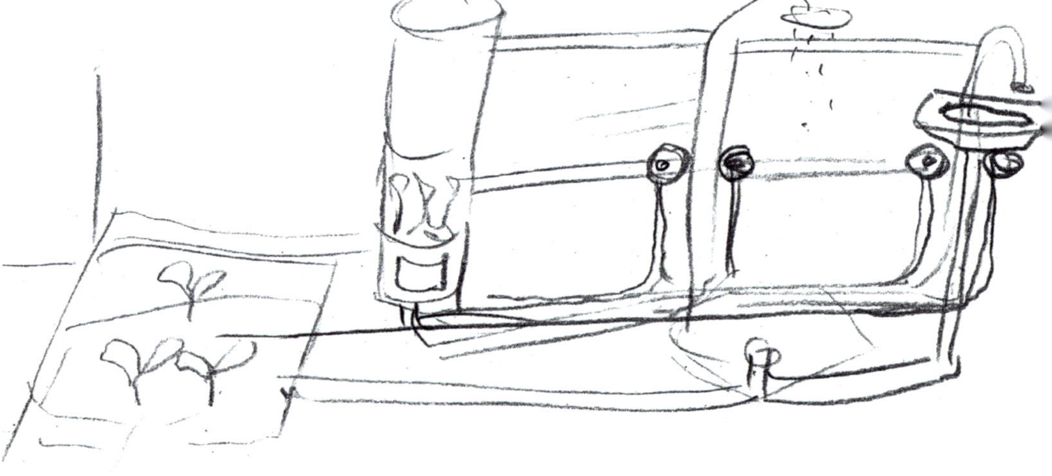

DAS MODELL

Anforderungen

Mit diesen groben Vorstellungen im Hintergrund ging ich an die Entwicklung des ownhomes. Zuerst überlegte ich, wie viel Platz wohl für ein gutes Leben nötig ist. Wie viel Wohnraum braucht ein Mensch, um sich nicht eingeengt zu fühlen? Das hängt natürlich auch von der Beschaffenheit der Wohnung ab und dem Lebenswandel des Einzelnen.

Bisher lebte ich in einem 300 Jahre alten, riesigen Bauernhaus, zusammen mit vielen, vielen Dingen, die ich nie brauchte. Nach reiflicher Überlegung kam ich zu dem Schluss, dass ich für mein tägliches Leben nicht mehr als ca. 20 m² benötigen würde. Aber das war eben alles nur Theorie und ich wollte sicher sein, dass diese Annahme auch den Tatsachen entsprach und nicht bloßes Wunschdenken war. Da half nur eins: Erleben!

So ein altes Bauernhaus hat auch seine Vorteile. In der alten Scheuneneinfahrt war ausreichend Platz, um ein Modell in Originalgröße zu bauen.

Natürlich lässt sich ein innovatives Wohnkonzept nicht alleine entwickeln und bauen. Ich hatte nicht nur von unterschiedlichsten Fachfirmen Hilfe, sondern vor allem von meiner Familie, Freunden und vielen Menschen, die einfach Lust hatten, sich an diesem Projekt aktiv zu beteiligen. In den folgenden Kapiteln spreche ich öfter von »wir« und meine damit natürlich alle, die mir in der jeweiligen Phase mit Rat und Tat zur Seite standen. Je nach Aufgabe und Fähigkeiten waren das ganz unterschiedliche tolle Menschen.

Ich besorgte also eine Palette mit Kanthölzern und ein paar Dreischichtplatten und wir begannen zu sägen und zu schrauben. Das Modell bauten wir mit folgenden Grundannahmen:

1. Konstruktionsprinzip: Holzständerbau mit Schwalbenschwanzverbindungen

2. Grundfläche beträgt ca. 20m²
   Die Platzvorstellung stützt sich zum einen auf die Schätzung meines subjektiven Platzbedarfs, zum anderen auf die Ergebnisse der Studien der ETH Zürich zur 2000-Watt-Gesellschaft bzw. die Annahme, dass wir inzwischen eine 1000-Watt-Gesellschaft anstreben müssen.

3. Um Platz zu gewinnen, wird ein zweiter Stock gebaut. Hier soll der Schlafbereich sein.

4. Der Raum muss optimal nutzbar sein.

5. Wo entstehen Räume und wie kann man diese ausnutzen? Wie nutzen wir bisher Räume und ist das überhaupt eins zu eins auf ein Tiny House übertragbar?

6. Stabilität und Verarbeitung der Materialien müssen getestet werden.

7. Folgende Bereiche mussten untergebracht werden: Wohn- und Essbereich, Küche, Bad, Treppe, Schlafbereich

Das alles auf ca. 20m² entsprechend den Arbeitsabläufen und Bedürfnissen der Bewohner sinnvoll unterzubringen, war eine der größten Herausforderungen des Projekts.

Raum richtig nutzen

Einen Großteil des Raumes, den wir bewohnen, nutzen wir, um Dinge zu horten. Ich halte es grundsätzlich für sinnvoll, dass wir uns reduzieren und regelmäßig fragen, was wir wirklich zum Leben brauchen und welche Gegenstände uns tatsächlich wichtig sind, aber ich bin kein Minimalist. Es gibt Gegenstände, die unser Leben einfacher machen und welche, die uns einfach wichtig sind, weil sie uns inspirieren, uns ein gutes Gefühl geben oder uns an schöne Momente erinnern. Wir leben in einer materiellen Welt, Gegenstände sind wichtig für uns, sie sind ein essenzieller Bestandteil unserer Wirklichkeit.

Sicher ist also, dass wir nicht nur für uns selbst, sondern auch für unsere Gegenstände einen gewissen Raum einplanen müssen. Herkömmlicherweise verstauen wir unsere Dinge in Schränken und Regalen. Ein Konzept, das sich in einem Tiny House nur bedingt sinnvoll umsetzen lässt, da wir auf diese Art sehr viel Wohnraum verschwenden. Drei Regale für unsere Bücher, Zeitschriften und Fotoalben, und der Wohnraum eines Tiny Houses wäre voll! Und das für Gegenstände, die wir im Alltag nur selten und dann auch nicht gleichzeitig in großer Menge benötigen. Um Platz für ein gutes Leben zu haben, muss »toter Raum« vermieden werden. Außerdem ist die Wandfläche sehr begrenzt und der Wohnraum sollte hell und freundlich sein – also viele Fenster haben. Da war das Regalthema schnell vom Tisch.

Für das Leben im ownhome ist es sinnvoll, die Gegenstände in zwei Gruppen aufzuteilen:

1. **Dinge, die wir im Alltag immer wieder benötigen**
   Diese Gegenstände müssen griffbereit sein. Kleine Regale, Aufhänger oder Schränkchen sind dafür das passende Konzept, auch wenn diese natürlich clever geplant und eingebaut werden müssen.

2. **Dinge, die wir nicht oft brauchen**
   Diese Gruppe erzeugt, bezogen auf den Alltag, »toten Raum«, den wir nicht nutzen können und der letztlich unsere Freiheit und Lebensqualität einschränkt. Gegenstände, die dieser Gruppe angehören, könnten wir in schwerer zugänglichen Räumen und komprimiert verstauen.

Konstruktionsbedingt entstehen für die Dinge der zweiten Gruppe und für wartungsarme Technik, die für die Bewohner nicht sichtbar sein soll, perfekte Räume im Boden. Das Regal wird also von der Vertikalen in die Horizontale verlegt und dadurch »unsichtbar«.

Ein Skelett aus sich überkreuzenden Balken verleiht dem Boden die nötige Stabilität. Dadurch entstehen quadratische Parzellen, die zum einen als Stauraum genutzt werden können, zum anderen, um Phasenwechselmaterial im Boden zu integrieren (dazu später mehr). Auf die Idee, dieses Platzpotenzial zu nutzen, sind wir beim Bau des Modells gekommen.

Raumaufteilung

Die Bodenkonstruktion war fertig. Nun ging es in die Höhe. Wir fingen an, die Holzständer für die Wand und die Balken für das Zwischengeschoss anzubringen. Das Zwischengeschoss sollte nur einen Teil der Grundfläche überragen. Im anderen Teil des Hauses – vorzugsweise im Wohnbereich – sollte man die volle Höhe des Raumes genießen können. Das würde über die geringe Grundfläche hinwegtäuschen und die Enge nehmen. So zumindest die Theorie.

Nach wenigen Wochen war der Rohbau des Modells fertig. Jetzt konnte ich testen, wie sich die Raumgröße anfühlte und inwieweit sich meine Überlegungen bestätigten. Mit Holzpaletten teilte ich den Raum immer wieder unterschiedlich auf, um z.B. die Wände zwischen Bad, Wohnraum und Küche zu simulieren.

Ein Thema, das mir noch Bauchschmerzen bereitete und das ich letztlich dann auch nicht im Modellstadium lösen konnte, war die Treppe.

Um ein Gefühl für den Platzbedarf einer Treppe zu bekommen und um unterschiedliche Konstruktionen zu testen, baute ich einfache Holzelemente, mit denen ich eine Treppe nachstellen konnte. Sollte sie an der Wand entlang laufen oder sich in den Raum drehen und somit gleichzeitig eine Raumtrennung sein? Bei meinen Tests stellte sich recht schnell heraus, dass der Raum zu klein war, um ihn durch das Treppenelement in zwei kleinere Bereiche zu unterteilen. Ich vertagte die Entscheidung und wollte sehen, wie der Raum im fertigen Haus aussah. Manchmal muss man sich darauf verlassen, dass eine gute Idee kommt, wenn man sie braucht.

Wer bei einer Sambatreppe aus dem Takt kommt, läuft Gefahr, ins Leere zu treten. Deshalb gibt es auch ein Geländer.

Und so kam es dann später auch. Die Entscheidung fiel auf eine Variante entlang der Außenwand. Eine sogenannte »Sambatreppe« sollte es werden. Tatsächlich heißt diese Bauform so, da man ziemlich die Hüften schwingen muss, um hinauf zu gelangen. Jede Stufe ist nur halb so breit wie die Treppe, also kann man immer nur mit einem Fuß auf einer Höhe stehen. Das ist schon etwas gewöhnungsbedürftig, da man immer mit dem gleichen Fuß anfangen und die Schrittfolge einhalten muss. Aber sie ist extrem platzsparend. Natürlich wäre eine Leiter auch funktional gewesen, allerdings ist eine Sambatreppe zwar speziell, aber allemal komfortabler als eine Leiter. Außerdem konnte ich den Raum unter der Treppe prima als Wandschrank nutzen.

Wir probierten so lange herum, bis uns die Aufteilung und die Platzierung der einzelnen Bereiche und Elemente zweckmäßig erschien. Doch gutes Wohnen hat viel mit Bauchgefühl zu tun. Ein Haus ist nach unserer biologischen Haut und unserer Kleidung wie eine dritte Haut, die uns umgibt – und in meiner eigenen Haut sollte ich mich wohlfühlen. Da helfen keine Argumente, das ist Gefühlssache! Was hilft mir ein extrem reduzierter Ressourcenverbrauch, um niemandem zu schaden, wenn ich mich in meinen eigenen vier Wänden nicht wohlfühlen kann und mir dadurch selbst schade? Das wäre nicht im Sinne des *Buen Vivir*! Es geht darum, dass wir uns gut fühlen, dass wir uns in unserem Wohnraum lebendig und geborgen fühlen, dass sich unser Wohnkonzept für uns stimmig anfühlt. Nur wenn wir uns

Das Modell vermittelt einen guten Eindruck von Proportionen und Wirkung des Raumes; rechts sind die Module zu sehen, mit denen wir verschiedene Treppenmodelle getestet haben.

Schon im Modell waren die Fußbodenfächer angelegt, die im fertigen Raum als Stauraum dienen sollten.

Immer wieder testeten wir zwischendurch, wie sich der fertige Raum wohl anfühlen würde.

in unserer dritten Haut wohlfühlen, entwickeln wir die Energie und die Motivation, die Welt um uns kreativ mitzugestalten.

Ich stellte mich also in das fertige Modell, das nun eine Grundfläche von 18 m² hatte und beobachtete mich. Ich bekam kein Gefühl von Enge. Ganz im Gegenteil, die Raumgröße fühlte sich gut an. Groß genug, um gut durchatmen zu können und klein genug, um sich geborgen zu fühlen.

Kurz und gut: Es fühlte sich großartig an. Jetzt war ich mir sicher, dass ich in dieser Raumgröße ein gutes Leben führen konnte. Viele Fragen blieben aber auch nach dem Bau des Modells in Originalgröße noch offen:

- Welchen Raum würde die Treppe tatsächlich einnehmen? Was war die passende Bauart für die Treppe?
- Braucht die Treppe ein Geländer und soll der obere Bereich mit Wänden vom restlichen Raum abgetrennt werden?
- Wie hoch sollte der obere Schlafbereich werden?
- Wo sollten die Fenster platziert werden?
- Wo ist ein guter Ort für den Ofen und den Kamin?
- Wo verlaufen die Wasserleitungen und die Stromkabel?
- Wo bringen wir die Technik für das Wasser und wo den Schaltschrank für die Elektrik unter?

Die grundsätzliche Frage, wie groß das Häuschen werden sollte, konnte ich jedoch mit dem Modell eindeutig lösen.

Die Auswahl der Baumaterialien

Gut für die Umwelt

Bei der Herstellung von Materialien wie Laminat, Pressspan oder Styropor, die wir für den Innenausbau üblicherweise verwenden, nehmen unser Klima und unsere Umwelt erheblichen Schaden. Der Energieverbrauch ist enorm und wird oft aus fossilen Quellen gespeist. Während der Nutzungsphase geben viele dieser künstlich hergestellten Materialien Schadstoffe in die Luft ab und am Ende ihrer Lebenszeit haben wir Schwierigkeiten, sie rückstandsfrei zu entsorgen. Dass die Entsorgung problematisch ist, wurde besonders offensichtlich, als sich die

Wertstoffzentren für mehrere Monate weigerten den Dämmstoff Styropor anzunehmen.

Die Produktion dieser Baustoffe belastet unsere Umwelt, in der Nutzungsphase belasten wir unseren Wohnraum und nach der Nutzungsdauer werden sie wieder zu einem Problem für unsere Umwelt.

Bei der Wahl der Baumaterialien wollte ich möglichst wenige Kompromisse eingehen. Wie bereits beschrieben, sollten es natürliche Materialien sein ohne aufwendige oder gar bedenkliche Herstellungsprozesse und sie sollten nach ihrer Lebenszeit wieder in den natürlichen Kreislauf zurückkehren können. Das war mir wichtig, da ich den Eingriff in die natürlichen Kreisläufe so gering wie möglich halten wollte.

Gut für die Gesundheit

Was für die Welt um uns gesund ist, ist meist auch für unseren Körper gesund. In der Natur entstehen zwischen allen Materialien Wechselwirkungen. Unser Körper ist Natur pur und auch er reagiert und resoniert mit allen Materialien, die ihn umgeben.

Ganz deutlich wird dieses Phänomen, wenn allergische Reaktionen auftreten. Als Kind bekam ich sofort einen Hautausschlag, wenn meine Mutter ein bestimmtes Waschmittel verwendete. Doch auch wenn keine allergischen Reaktionen auftreten, gibt es immer Wechselwirkungen zwischen unserem Körper und den Materialien, die ihn umgeben.

Ein schockierendes Beispiel ist das Holzschutzmittel PCP (Pentachlorphenol). Noch heute lässt sich dieses Gift in den Gebäuden nachweisen, in denen es vor Jahrzehnten verwendet wurde. Unser Organismus, der in diesem ungesunden Umfeld leben muss, wird kontinuierlich gestresst, geschädigt und reagiert früher oder später mit Krankheit. Gesunde Baumaterialien können sich hingegen heilsam auf unseren Körper auswirken.

Erwin Thoma beschreibt in seinem Buch »Strategien der Natur« die positiven Auswirkungen von natürlichem Holz auf unseren Organismus. Bei einem Versuch wurde festgestellt, dass wir in einem Raum aus Holz entspannter und ruhiger schlafen können, als in einem Vergleichsraum aus Spanplatten mit aufgeklebtem Holzdekor. Künstliche, aufwendig hergestellte Baumaterialien schädigen nicht nur unsere Umwelt, sondern auch ganz direkt uns selbst. Alle Möbel, die aus Pressspan gefertigt sind, dünsten über den Kleberanteil gesundheitsschädliches Formaldehyd aus. Ein Prozess, der sich über die gesamte Lebensdauer des jeweiligen Produkts hinzieht. Mit den billigen Möbeln ziehen also auch die Schadstoffe in die Wohnung ein.

Literaturhinweis

Thoma, Erwin: Strategien der Natur. Wie die Weisheit der Bäume unser Leben stärkt, Benevento Verlag, 1. Auflage, München u. Salzburg, 2019

Mit künstlichen Baumaterialien kann kein gutes Raumklima entstehen. Bei einem gesunden Raumklima sollte die Luft frei von Schadstoffen sein und die Luftfeuchtigkeit zwischen 40 und 60% liegen. Es sollte keine großflächigen elektrostatischen Aufladungen geben und die Wärme sollte überwiegend durch Strahlungswärme (wie durch die Sonne) und weniger durch Konvektion (Luftbewegung) erzeugt werden.

Natürliche, gesunde Materialien wie Holz, Hanf oder Lehm haben immer die Fähigkeit, Feuchtigkeit aufzunehmen und bei Bedarf auch wieder abzugeben und können dadurch das Raumklima regulieren. Gleichzeitig verringern sie eine mögliche Schadstoffbelastung. Künstlichen Materialien wie Laminat, Vinyl oder Pressspan fehlen diese wichtigen Eigenschaften und zusätzlich geben sie oft ungesunde Stoffe in die Raumluft ab. Dazu kommt, dass sie sich oft elektrostatisch aufladen.

In einem guten Raumklima können wir uns erholen, auch unser Immunsystem wird unterstützt. Das Gegenteil passiert bei einem schlechten Raumklima. Nicht nur, dass wir uns nicht wohlfühlen, zusätzlich ist es eine dauernde Anstrengung für unser Immunsystem, unseren Organismus in einem ungesunden Umfeld gesund zu halten.

Gut für die Energiebilanz

Holz, Kalk und Lehm sind die Materialien, aus denen das ownhome im Wesentlichen gebaut ist. Gedämmt ist es mit Materialien aus Holzfasern. Eine gute Dämmung ist wichtig, um möglichst wenig Heizenergie zu vergeuden und damit man bei kalten Außentemperaturen von warmen Oberflächen umgeben ist. Das war auch einer der Gründe, warum ich mich gegen eine mobile Variante entschied. Bei mobilen Häusern spielen das Gewicht und die Wandstärke eine große Rolle. Das Gewicht entscheidet darüber, mit welcher Geschwindigkeit und mit welchem Fahrzeug das Häuschen gezogen werden darf. Die Wandstärke ist ein wichtiger Faktor für das Gewicht und für die Größe des Innenraums. Fast immer geht Mobilität auf Kosten von Ökologie. Oft werden im mobilen Bereich künstliche Dämmmaterialien wie Schaum oder Styropor verwendet, da sie bei gleicher Stärke wie Naturmaterialien einen höheren Dämmwert haben und weniger wiegen. Dass dabei viele wichtige Eigenschaften, die natürliche Materialien besitzen, verloren gehen, wird leider schnell vergessen oder ignoriert.

Da Mobilität vielen, die auf ein Tiny House-Konzept umsteigen möchten, wichtig ist, gibt es mittlerweile auch eine mobile Version des ownhomes. Wir haben hierfür einen stabileren Unterbau entwickelt, als es sonst bei mobilen Tiny Houses üblich ist.

So darf das Haus sieben Tonnen und mehr wiegen. Dadurch verringert sich die Transportgeschwindigkeit und man kann das Haus nicht mehr mit einem normalen Anhängerführerschein befördern. Das ist aus meiner Sicht aber kein Grund, auf Gesundheit und Nachhaltigkeit zu verzichten, schließlich wechselt man den Standort nicht oft. Die Möglichkeit, die Baumaterialien frei wählen zu können, ist in jedem Fall das schlagende Argument, das für die schwerere Bauweise spricht.

Leicht zu verarbeiten

Bis ins 18. Jahrhundert gab es ungefähr 15 Baumaterialien, mit denen Gebäude errichtet wurden. Jeder Architekt und auch die meisten Handwerker kannten die Eigenschaften und Qualitäten der einzelnen Materialien und sie wussten, wie damit umgegangen werden muss. Heute gibt es über eine halbe Million unterschiedlicher Stoffe, die für den Hausbau genutzt werden und deren Eigenschaften kein Mensch überblicken kann. Mein Ziel war es, möglichst wenige, aber natürliche Baumaterialien einzusetzen, deren Eigenschaften bekannt sind und deren Verarbeitung jeder mit fachlicher Anleitung erlernen kann.

Preiswert

Der Bau des Hauses sollte seinen Preis wert sein. Die Priorität lag aber auf Gesundheits- und Nachhaltigkeitsaspekten und nicht darauf, so günstig wie möglich zu bauen. Die möglicherweise etwas höheren Kosten, die durch qualitativ hochwertige Materialien entstehen, können aber durch ein entsprechendes Maß an Eigenleistung beim Bau reduziert werden. Jeder soll sich ein ownhome leisten können, das heißt, dass die Kosten nicht höher werden als eine übliche Wohnungsmiete.

EXKURS

DIE HOLZARTEN DES OWNHOMES

Aufgrund seiner positiven Auswirkung auf unseren Organismus und seiner vielfältigen Gestaltungsmöglichkeiten liegt mir der Werkstoff Holz sehr am Herzen. Die Natur bietet uns für die unterschiedlichsten Anwendungsbereiche verschiedene Holzsorten. Wo möglich, bezogen wir das Holz aus der Region oder von regionalen Lieferanten.

MÖBELBAU
VERGLEICHSWEISE SELTEN
BESONDERE FÄRBUNG
für detaillierte Schnitzarbeiten
WILDBIRNE
(Pyrus pyraster)
für hochwertige Blockflöten
KULTUR-APFEL
(Malus domestica)
riecht beim Sägen nach Kirsche
VOGELKIRSCHE
(Prunus avium)
Verwendung als Furnier, da selten und teuer
ECHTE WALNUSS
(Juglans regia)
KONSTRUKTIONSBAU
SCHNELLWACHSEND
PREISGÜNSTIG
STABIL
GEMEINE FICHTE
(Picea abies)
meistverwendetes Konstruktionsholz
feuchtigkeits-resistent
WEISS-TANNE
(Abies alba)
widerstandsfähig gegen Pilze und Insekten
DOUGLASIE
(Pseudotsuga menziesii)

FEINSCHLIFF AM COMPUTER

Grundkonstruktion

Die Materialfrage war geklärt, jetzt konnte es an die Feinheiten gehen. Wie viele Türen und Fenster braucht das ownhome und wo sollten sie sinnvollerweise platziert werden?

Den Abstand zwischen den 10 cm starken Holzständern wählten wir so, dass die Dämmung aus flexiblen Holzfasermatten genau dazwischen passte. So musste man diese in der Breite nicht extra zuschneiden. Durch die Holzständer ergab sich so ein Raster, in das wir Türen und Fenster einfügen konnten.

Der Raum ist zwar klein, aber er sollte sehr hell werden. Aus diesem Grund planten wir Fenster auf allen vier Seiten und an drei Seiten Türen aus Glas. Dadurch ist es auch möglich, das komplette Haus enorm schnell durchzulüften. Je nach Außentemperatur lässt sich dann über die Öffnung unterschiedlicher Seiten durch unterschiedliche Luftströme das Innenraumklima verändern.

Schon beim Bau des Modells hatten wir uns entschieden, dass die Eingangstür auf der Nordseite sein soll. Hier ist das Haus durch hohe Zwetschgenbäume geschützt und es ist die Seite, die dem Grundstück zugewandt ist. Betritt man das Haus, waren rechter Hand – im Westen – Küche und Bad geplant. Diese Seite ist in Isingen auch die Wetterseite, also die Seite des Hauses, die am stärksten von der Witterung beansprucht wird. Hier ist alles untergebracht, was mit Wasser und Abwasser zu tun hat: sowohl die Wassertanks, als auch die Pflanzenkläranlage. Das Westfenster in der Küche sollte fest verglast sein, da es sich sehr nah an der Pflanzenkläranlage befindet, in die einmal am Tag das Grauwasser gepumpt wird. Grauwasser hat auch in einem ökologischen Haus nicht den Geruch, den man in gemütlichen Wohnräumen um sich haben möchte.

Das »Schlafzimmer« war für die obere Etage vorgesehen. Diese sollte nur über die halbe Grundfläche gehen, so dass die andere Hälfte bis nach oben offenbleiben konnte. Mit der Detailplanung waren wir etwa drei Monate beschäftigt. Dann war es so weit – mit den Köpfen voller Ideen und den Taschen voller Skizzen gingen wir zu einem großen Zimmereibetrieb, in dem ein Mitarbeiter unsere Papierzeichnungen in ein CAD-Programm übertrug. Nach diversen Besuchen und Korrekturen war dann tatsächlich alles so auf dem Bildschirm, wie wir es uns vorgestellt hatten.

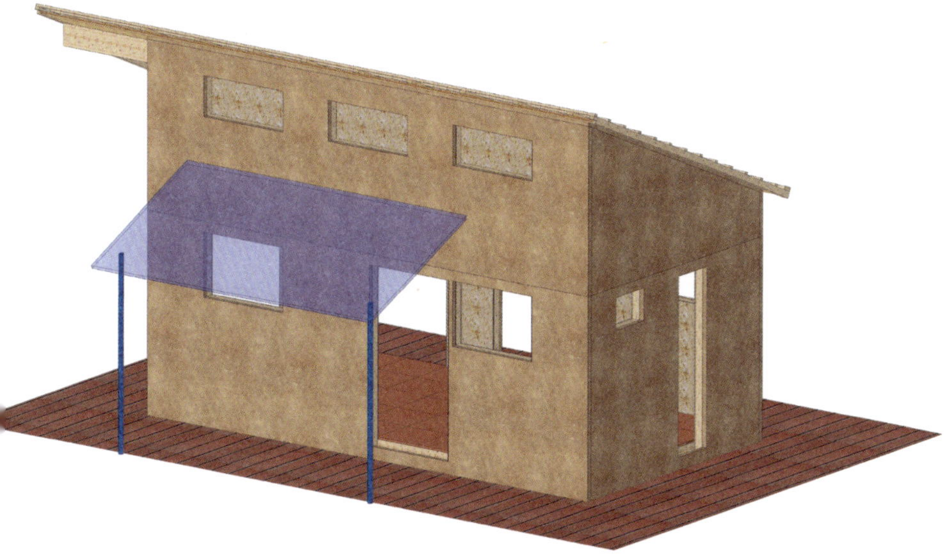

Die erste CAD-Zeichnung des ownhomes. Die Grundform stimmt, aber im Detail musste noch sehr viel verändert werden.

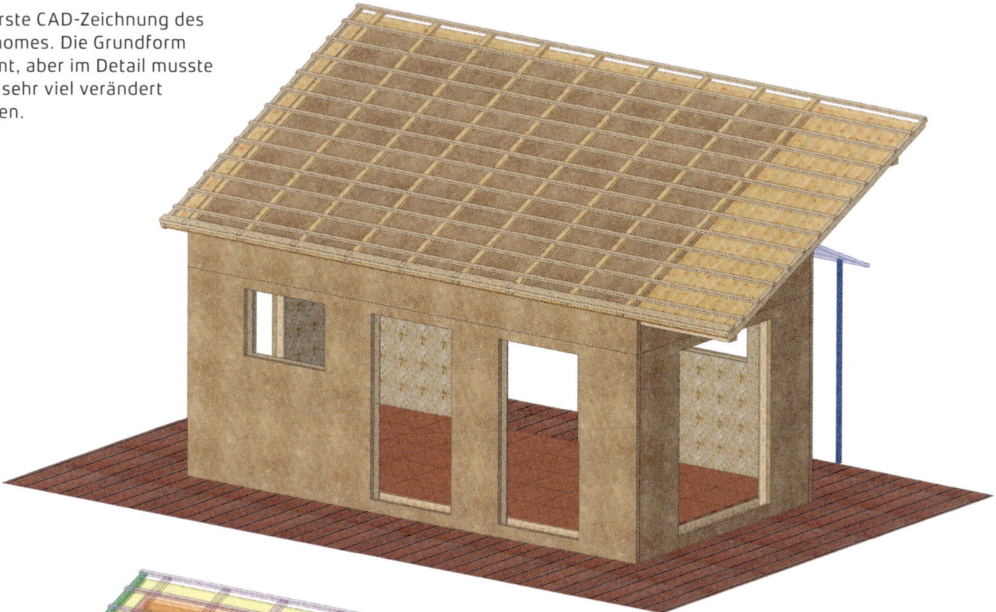

CAD-Zeichnung, in der die Hölzer für den Aufbau sichtbar sind

Runde Ecken

Einen einzigen Änderungswunsch hatte ich dann doch noch und der hatte es in sich. Ich sagte dem Zeichner, dass das Haus keine Ecken haben solle, ich hätte es gerne mit Rundungen. »Puuuh«, stöhnte der nur und verdrehte die Augen. Diese spontane Idee überforderte ihn. »Unmöglich!«, war sein erster Kommentar. Nach zwei Stunden hitziger, aber konstruktiver Debatte war auch für diesen letzten Sonderwunsch noch eine Lösung gefunden. Der Zeichner hatte herausgefunden, wie die runden Hölzer gezeichnet werden müssen, damit sie auch produziert werden können. Das würde uns aber nicht viel nutzen, meinte er, da sich die Weichfaserplatten, mit denen wir das Haus von außen dämmen wollten, nicht biegen lassen würden. Zuversichtlich sagte ich ihm, dass wir dafür auch noch eine Lösung finden würden.

Es gibt für alles eine Lösung: die erste CAD-Zeichnung mit Rundungen

Die Holzelemente für unsere Rundungen, die von der Abbundanlage gefertigt wurden

»Warum eigentlich Rundungen?« Das ist wohl die Frage, die mir bei Führungen oder in Interviews am häufigsten gestellt wird. Dafür gibt es verschiedene Antworten. Die kürzeste und zutreffendste ist: Weil ich es schöner finde. Aber auch für die Ingenieure gibt es eine zufriedenstellende Antwort: In den Ecken gibt es im Winter von zwei Seiten eine Kältedurchdringung. Deshalb herrschen an diesem Punkt auch immer die niedrigsten Temperaturen. Nicht selten siedelt sich hier Schimmel an, wenn der Taupunkt unterschritten wird und die Luftfeuchtigkeit kondensiert.

Ein anderer interessanter Aspekt ist, dass jede Ecke bei Wind akustische Geräusche verursacht, während Rundungen kaum Verwirbelungen und damit Geräusche erzeugen. Auch im Inneren verhält sich die Luft ganz anders. Sie zirkuliert besser, wodurch es keine abgestandene Luft in den Ecken gibt. Zu guter Letzt bin ich der Meinung, dass man sich in Räumen mit Rundungen wohler fühlt. Überall in der Natur haben wir organische Formen und Rundungen. Wir Menschen haben vielleicht manchmal Ecken und Kanten, aber nicht in unserem äußeren Erscheinungsbild. Und unser Haus ist schließlich unsere dritte Haut. Der Künstler Hundertwasser war ein großer Verfechter von organischen Formen und hat beeindruckende Bauwerke in die Welt gebracht. Obwohl viele Besucher davon begeistert sind, finden seine Gedanken keine Berücksichtigung im aktuellen Baugeschehen. Schönheit lässt sich leider nicht in Zahlen bewerten und hat dadurch in einer Gesellschaft, in der fast alles über den Preis geht, oft nur geringe Erfolgsaussichten.

Letztlich wurde die CAD-Zeichnung mitsamt aller Sonderwünsche und Extrawürste fertiggestellt.

Nun hatten wir den Bauplan mit den nummerierten Hölzern vorliegen. Wir mussten uns nur noch gedulden, bis der Maschinenführer der Abbundanlage Zeit für die Fertigung des Bausatzes hatte. Nach knapp einer Woche stand die Anlage für die Produktion unserer Teile zur Verfügung. In nicht einmal ganz zwei Tagen waren alle Teile für unser Haus geschnitten und gefräst und lagen sortiert zum Abtransport auf einem Anhänger bereit.

Abbundanlage
Eine Abbundanlage ist eine computergesteuerte Bearbeitungsmaschine für Holzteile. Sie kann die CAD-Zeichnung lesen und ihr entsprechend alle Holzteile fertigen.

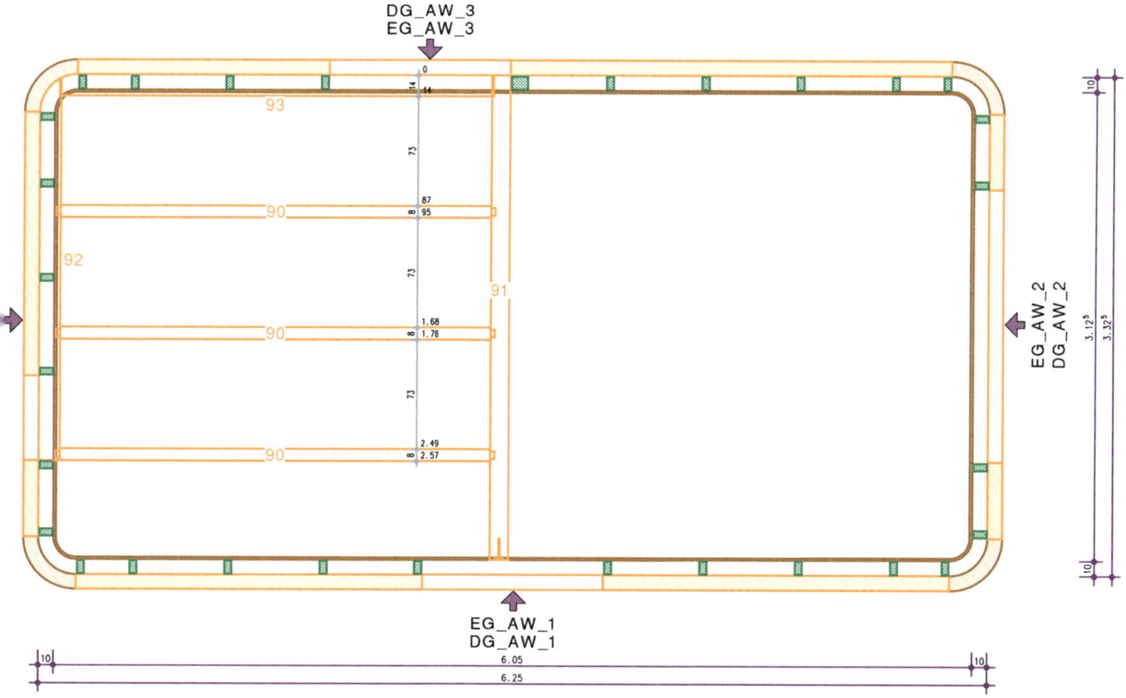

DER ROHBAU

Fundamente

Für die Punktfundamente gruben wir sechs Löcher mit 60 x 60 x 60 cm, um frostsicher zu sein. Das schützt den Beton vor Schäden.

Den Beton holte ich mit dem Anhänger direkt vom Betonwerk im Nachbarort.

Noch am gleichen Tag wurde der fertige Holzbausatz angeliefert.

Am 18. März 2016 wurde es dann ernst. Wie bei jedem Haus fingen wir auch beim ownhome mit dem Fundament an. Punktfundamente waren für unsere Zwecke ideal, da das Haus ohne direkten Kontakt zum Boden gebaut werden sollte. So beugen wir Feuchtigkeitsproblemen und einem kalten Boden vor. Außerdem wollte ich so wenig Beton wie möglich verbauen, da dieser unter großem Energieverbrauch produziert werden muss.

Nach dem Ausmessen machten wir uns mit Spaten und Schaufel ans Werk. Glücklicherweise gab es nur wenige, kleinere Steine im Erdreich, so dass wir einen halben Tag später sechs quadratische Löcher mit 60 cm Kantenlänge und 60 cm Tiefe ausgehoben hatten. Ich lieh mir einen Betonbehälter und einen Rüttler, fuhr mit dem Anhänger zu einer Baufirma im Nachbarort und ließ eine Ladung Beton anmischen. Da ich keine Ahnung hatte, dass es unterschiedliche Sorten gibt, ließ ich mich vom Fachmann beraten und wählte eine Mischung mit der Bezeichnung »C20/25«. Die Zahlen beschreiben den Wert der Druckfestigkeit. Diese Mischung sei geeignet für Fundamente ohne Stahlbewehrung, wurde mir gesagt.

Mit der Schaufel füllte ich alle Löcher mit Beton. Dank des Rüttlers kamen alle Lufteinschlüsse nach oben und es bildete sich eine glatte Oberfläche. Lufteinschlüsse würden die Druckfestigkeit der Fundamente verringern. Auch bei der Füllhöhe wählten wir die einfachste Methode. Ich füllte die Löcher ohne Schalung immer bis zum Rand. Diese waren dann natürlich durch die unebene Beschaffenheit des Geländes auf einem unterschiedlichen Höhenniveau. Mit einer gleichhohen Schalung um die Löcher hätten wir ein einheitliches Niveau erreichen können. Wir entschieden uns allerdings, den Höhenunterschied mit Gehwegplatten und Bautenschutzmatten auszugleichen, da dies die einfachere Variante ist und weniger schief gehen kann. Die Gehwegplatten hatten eine Höhe von 4 cm und die Bautenschutzmatten, die zum Schutz von Gebäuden verwendet werden und aus recyceltem Kunststoff bestehen, kann man in unterschiedlichen Höhen im Baumarkt bekommen.

Bautenschutzmatten
sind Matten aus einem Gummigranulat. Sie werden meist zum Schutz vor mechanischen Beschädigungen eingesetzt. Das Material ist witterungsbeständig, wasserdurchlässig und es verrottet nicht.

Bodenplatte

Nachdem die Fundamente zwei Tage getrocknet waren, bauten wir am Nachmittag die Grundplatte zusammen. Es dauerte keine Stunde und wir hatten die Teile, die passgenau gefertigt waren, zusammengesetzt. Dann schraubten wir zementgebundene Holzfaserplatten über die komplette Fläche. Bei diesen Platten sind die Holzspäne nicht mit Leim, sondern mit Zement verklebt und dadurch feuchtigkeitsunempfindlich. So schützen sie das Haus von unten gegen die aufsteigende Erdfeuchte. Eine dieser Platten wog 97 Kilo und für die gesamte Fläche benötigten wir sieben Stück. Ursprünglich war unsere Idee, dass der Bausatz so gefertigt sein sollte, dass zwei Personen das komplette Haus alleine aufbauen können, ohne größere Maschinen und ohne dass sie sich dabei ihren Rücken kaputt machten. An diesem Punkt war das nicht möglich, denn wir mussten den Rahmen umdrehen, so dass die von oben verschraubten Platten nach unten zum Erdreich zeigten. Die Lösung dafür kam von unserem geschickten Nachbarn, der am nächsten Morgen mit seinem großen Frontlader vorbeikam, uns die Grundplatte drehte und genau auf unsere sechs Punktfundamente positionierte. Bei ownhomes, die in Zukunft gebaut werden, kann sich jeder Bauherr individuell dafür entscheiden, die Bodenplatte in kleineren Stücken aufzubauen, dann lässt sie sich mit nur zwei Personen ohne Maschinen zusammensetzen.

Die Holzteile für die Bodenplatte ließen sich sehr leicht zusammenstecken.

Auf die Unterseite der Bodenplatte schraubten wir die zementgebundenen Holzfaserplatten zum Schutz gegen die Erdfeuchte.

Die verschraubte Platte war so schwer, dass wir sie nur mit Hilfe eines Traktors drehen konnten.

Nach dieser kleinen Ausnahme konnten wir das Haus komplett händisch zusammensetzen, auch wenn wir hin und wieder mehr als vier Hände brauchten. Nachdem wir die Platte mit Hilfe eines Wagenhebers so unterfüttert hatten, dass sie exakt im Wasser lag, legten wir 20 cm starke Holzfasermatten zwischen die Holzbalken. Sie sind unsere Dämmung gegen die Kälte von unten. Abgedeckt wurde alles mit einer Dreischichtplatte aus Fichte, die wir in engen Abständen mit der Holzkonstruktion verschraubten.

Noch am gleichen Tag begannen wir mit dem Aufbau der Holzständerkonstruktion für die Wände.

Dann konnten wir zwischen den Hölzern mit 20 cm starken, flexiblen Holzfasermatten dämmen.

Wandaufbau

Noch am gleichen Nachmittag begannen wir mit dem Aufbau der Wandteile. Da man sofort den Erfolg sah, machte es großen Spaß, die nummerierten Balken zusammenzusuchen und miteinander zu verbinden. Immer wenn eine Wand fertig war, stellten wir sie gemeinsam an der dafür vorgesehenen Stelle auf die Grundplatte und verschraubten sie mit der Bodenkonstruktion. An den Ecken – die es ja beim ownhome nicht gibt – verbanden wir die Wände mit den runden Zwischenstücken. Mit einbrechender Dämmerung stand das Grundgerüst des Erdgeschosses und wir waren müde, aber glücklich.

Männer nach der Arbeit

Sobald am nächsten Morgen die Sonne aufgegangen war, begannen wir mit dem Aufbau der Zwischendecke und den oberen Wänden. Bei Tageslicht betrachtet, war schon zu erkennen und auch zu spüren, was einmal daraus werden sollte.

Dann gelangten wir zum zweiten Mal an einen Punkt, an dem wir zu zweit nicht weiterkamen. Die obere und die untere Pfette, die über die gesamte Länge des Hauses reichen und im Osten sogar noch eineinhalb Meter überstehen, waren zu schwer. Nach einer stärkenden Tasse Kaffee unternahmen

Auf die Wände legten wir die Zwischendecke für die zweite Ebene.

Für das Hochheben der oberen und unteren Pfette mussten wir zu viert sein.

Nach dem Einhängen der Sparren legten wir 6 cm Holzweichfaserplatten als Aufdachdämmung auf die Sparren.

Zwischen den Holzständern dämmten wir mit 10 cm flexiblen Holzfasermatten und über die gesamte Fläche dann noch einmal mit 10 cm Holzweichfaserplatten.

wir zu viert den nächsten Versuch. Diesmal klappte es und nachdem die Pfetten richtig positioniert waren, konnten wir sie mit den Dachsparren verbinden. Diese drückten wir von oben in die dafür vorgesehenen Schwalbenschwanzverbindungen. Bei einigen mussten wir mit dem Vorschlaghammer ein wenig nachhelfen, aber insgesamt war alles erstaunlich passgenau gefertigt. Bevor es dunkel wurde, konnten wir das Dach noch mit den 6 cm starken Holzweichfaserplatten abdecken und hatten damit schon einen guten Schutz gegen Schnee.

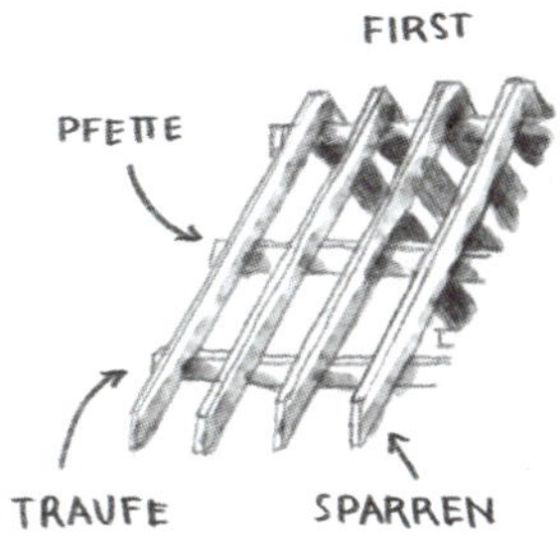

Pfetten
sind die Hölzer, die in der Regel parallel zu First und Traufe liegen und als Auflage für die Sparren genutzt werden.

Dachsparren
sind in der Dachkonstruktion die Hölzer, die von der Traufe (Pfette) zum First (Pfette) verlaufen und auf denen die Dachhaut liegt.

Dämmung

Am nächsten Tag war die Dämmung zwischen den Holzständern dran. Die flexiblen Holzfasermatten ließen sich recht schnell verarbeiten, da die Abstände der Holzständer genau die Breite der Matten hatten. So mussten diese nur in der Höhe eingepasst werden. Anschließend deckten wir die komplette Wand von außen mit 10 cm starken Holzweichfaserplatten ab. Diese haben einen sehr unpassenden Namen, denn sie sind ziemlich hart und in unserem Fall waren sie auch sehr schwer, da wir ein großes Format geliefert bekamen. Zu zweit konnte man sie gerade noch hochheben.

Auf dem Holzständer vor den Rundungen schlossen wir mittig mit den Holzweichfaserplatten ab. Dann versuchten wir, mit der Stichsäge die Rundungen aus den Platten zu sägen. Das war viel Arbeit, funktionierte aber nicht gut, da es nicht möglich war, saubere Rundungen auszusägen, da das Material zu dick und zu fest für unsere Säge war. Das lange Sägeblatt war nicht steif genug und verbog sich ständig, wodurch kein senkrechter Schnitt zu machen war. Nach einigen vergeblichen Versuchen erinnerte ich mich, dass ich früher Möbel mit Biegesperrholz hergestellt hatte. Also besorgte ich im Holzfachhandel eine Platte Biegesperrholz. Wichtig ist dabei die Biegerichtung anzugeben. Zufällig betrug die Plattenbreite 125 cm, so dass sie mit der Hälfte von 62,5 cm genau um die Rundung reichte. Als Unterkonstruktion für das Biegesperrholz sägte ich aus einer Diele mit der Stichsäge die Rundungen aus. Diese schraubte ich dann mit einem Höhenunterschied von 50 cm in die »Nicht-Ecken«. Mit dem Aufschrauben des Biegesperrholzes ergab sich eine saubere Rundung, von Weichfaserplatte zu Weichfaserplatte.

Auch zwischen den 16 cm starken Dachsparren dämmten wir mit den flexiblen Holzfasermatten. So erreichten wir zusammen mit den 6 cm dicken Weichfaserplatten eine Gesamt-Dämmstärke von 22 cm. Alle Stöße an Wänden, Fußboden und Decke wurden mit einem Winddichtband abgeklebt.

Stöße
Wenn Platten aneinander stoßen, dann entstehen sogenannte Stöße zwischen den Platten. Das sind sensible Stellen, die nicht so dicht sind wie die Platten selbst. Um die Dichtheit der ganzen Fläche zu gewährleisten, werden diese Stöße mit Winddichtband abgeklebt.

Winddichtband
verwendet man für die luft- und winddichte Verklebung von Durchdringungen, für Überlappungen von Folien und Unterdeckbahnen und für die Verklebung von Stoßfugen bei Holzplatten.

Die Dreischichtplatten über der Fußbodendämmung klebten wir an den Stößen mit Winddichtband ab.

Das fertig gedämmte Häuschen mit Konterlattung und Dachlatten für die Ziegel

Da unser Bausatz nur aus senkrechten und waagerechten Kanthölzern besteht, verlangte der Statiker, dass wir die kompletten Wandflächen von innen mit Plattenmaterial abdeckten und in kurzen Abständen an die Holzständer schraubten. Dadurch bekamen wir die notwendige Aussteifung. Gleichzeitig sind die Dreischichtplatten, die wir verwendeten, eine Dampfbremse.

Dampfbremse
Eine Dampfbremse reduziert das Diffundieren der Feuchtigkeit aus der warmen Luft des Innenraums in die Wand. Wenn zu viel Feuchtigkeit in die Wand diffundiert, besteht die Gefahr, dass sie in der Wand kondensiert und dadurch Bauschäden entstehen. Jedes Material hat einen spezifischen Wasserdampfdiffusionswiderstand.

Fußboden

Den doppelten Boden, der zusätzlichen Stauraum bietet, wollte ich über die komplette Grundfläche umsetzen. Dafür hatte mir der Zimmereibetrieb 20 cm hohe Rahmenhölzer so vorbereitet, dass ich die Längshölzer mit ausgesägten Aussparungen nach oben legte und dann die Querhölzer mit ausgesägten Aussparungen nach unten ineinanderstecken konnte – so zumindest die Theorie. In der Praxis sah es etwas anders aus. Die Aussparungen waren exakt 60 mm breit ausgeklinkt, aber das Holz war einen halben Millimeter stärker und dieser halbe Millimeter machte mir das Leben richtig schwer. Selbst mit dem großen Vorschlaghammer bekam ich die Hölzer nicht ineinander. Zu guter Letzt nahm ich die Stichsäge und sägte jede Aussparung ungefähr 3 mm breiter. Das war viel Arbeit, aber danach war es ein Kinderspiel die Hölzer zusammenzustecken. Und wieder

Auf die Fußbodendämmung kam das
Holzbalkenraster für den zukünftigen Stauraum

was gelernt – das nächste Mal werden sie gleich zwei Millimeter breiter gefertigt, da es keine Rolle spielt, wenn etwas Luft dazwischen ist. Die Hölzer, auf denen zukünftig die quadratischen Holzabdeckungen liegen sollten, waren 6 cm breit. So ergab sich ein Raster aus Fächern mit den Innenmaßen von 54 cm x 54 cm x 20 cm.

Fenster und Türen

An der Materialwahl für die Herstellung von Fenstern lässt sich die Entwicklung der Werte in unserer Gesellschaft ablesen:

Früher gab es nur Massivholzfenster. Es wurden strapazierfähige Hölzer wie Eiche oder Lärche verwendet. Zusätzlich wurden die Fenster durch einen Dachüberstand konstruktiv geschützt. Diese Fenster wurden durch die Witterung mit der Zeit grau und blieben es dann auch über sehr viele Jahre. Mit dem Aufkommen der Chemieindustrie wurden Lacke entwickelt, die es ermöglichten, günstige Hölzer, die normalerweise nicht für den Fensterbau geeignet sind, zu verwenden. Das Holz wurde mit Lacken versiegelt, um es so vor Wettereinflüssen zu schützen. Lacke, die dem Einfluss von Sonne, Wind und Regen wirklich Stand halten, gibt es im Fensterbau aber bis heute nicht. Die Folge war, dass die Fenster im Laufe der Jahre immer wieder gestrichen werden mussten. Es war also ein »Segen«, als die Kunststoffindustrie endlich so weit war, dass sie komplette Fenster aus synthetischem Material anbieten konnte. Nie wieder streichen! Und dann auch noch günstiger als die altmodischen Holzfenster. Günstiger können Kunststofffenster natürlich nur dann sein, wenn viele der entstehenden Kosten nicht eingepreist werden müssen – weder die Umweltschäden, die bei der Herstellung entstehen, noch die Kosten, die bei der Entsorgung anfallen. Doch auch im eingebauten Zustand sind es nicht die Fenster, die ich in meinem Wohnraum haben möchte. Der Kunststoff kann sich elektrostatisch aufladen, Feuchtigkeit kann darauf kondensieren und im schlimmsten Fall kann sich sogar Schimmel darauf entwickeln. Mein Körper fühlt sich am wohlsten, wenn er von Materialien umgeben ist, die, so wie er selbst, aus natürlichen Kreisläufen entstanden sind. Aber oft entscheidet eben nur unser Kopf, der meist enger mit Zahlen als mit dem restlichen Körper verbunden ist.

Beim ownhome haben wir uns für Fenster aus Lärchenholz entschieden. Diese sind allerdings mit einem transparenten Lack überzogen, da die Herstellerfirma sonst keine Garantie übernommen hätte. Da habe ich mich zu einem Kompromiss überreden lassen, den ich aus heutiger Sicht nicht mehr akzeptieren würde. Bei den nächsten Projekten werden wir unbehandelte Fenster aus Eichenholz verwenden.

Alle Fenster waren recht passgenau, so dass das Dichtband, das um den Rahmen geklebt wurde, nach wenigen Minuten aufquoll und den Spalt zwischen Holzständer und Fensterrahmen abdichtete. Mit langen Schrauben befestigten wir die Fenster und Türen positionsgenau an den Holzständern. Verbleibende Hohlräume stopften wir mit Hanf aus. Dann wurden die Rahmen sowohl von außen, als auch von innen mit speziellen Winddichtbändern rundum abgeklebt.

Dach

Jetzt ging es wieder nach draußen. Die Holzweichfaserplatten auf dem Dach wurden mit einer Dachunterspannbahn komplett abgedeckt. Danach wurde immer über jeden Sparren ein stabiles Kantholz durch die Weichfaserplatten nach unten auf den Sparren geschraubt. Auf diese senkrechten Kanthölzer konnten wir dann quer die Dachlatten im richtigen Abstand für die Ziegel verschrauben.

Dachunterspannbahn
wird auf dem Dach zwischen der Dämmschicht und der Traglattung für die Dachbedeckung aufgebracht. Sie ist von außen feuchtigkeitsundurchlässig und von innen diffusionsoffen.

Da kamen wir dann noch einmal richtig gut ins Schwitzen, denn Tonziegel sind schwerer, als man denkt. Bereits beim Verlegen der Ziegel befestigten wir die Dachhaken für das Gestän-

Beim Verlegen der Ziegel befestigten wir auch gleich
die Dachhaken für die Photovoltaikanlage.

Verlegen der ersten Photovoltaikmodule auf der Unterkonstruktion, die auf den Dachhaken befestigt ist

109

Ortgangziegel
Als Ortgang wird der Dachabschluss an der Stirnseite bezeichnet. Ortgangziegel besitzen eine zusätzliche Tonfläche, welche die Balkenkonstruktion verbirgt und vor der Witterung schützt. Da es sich dabei um eine Sonderform der jeweiligen Ziegel handelt und die Herstellung etwas aufwendiger ist, können Ortgangziegel ein Vielfaches der normalen Ziegel kosten.

Krampen
sind U-förmige Metallteile mit zwei spitzen Enden. Wenn sie mit einem Hammer eingeschlagen werden, können sie zur Befestigung von Draht oder ähnlichen Gegenständen genutzt werden.

ge der Photovoltaikanlage. Die Ortgangziegel, die rechts und links die Ziegelfläche begrenzen musste ich extra bestellen. Ich habe nicht schlecht gestaunt, als mir der Verkäufer den Preis nannte. Ein solcher Ortgangziegel kostete das Fünfzehnfache eines normalen Ziegels! Letztendlich haben die 26 Ortgangziegel genauso viel gekostet, wie die gesamte Ziegelfläche. Eine schöne Blechverwahrung hätte den gleichen Zweck erfüllt und nur einen Bruchteil gekostet. Das nennt man dann wohl Lehrgeld.

Dafür konnte ich an anderen Stellen Geld sparen. Auf der West- und auf der Ostseite wollte ich im oberen Bereich gerne ein rundes Fenster. Unser Fensterlieferant meinte, dass es das zwar gäbe, aber dass ich sicher nur sehr ungern den Preis dafür zahlen würde. Also entschied ich mich spontan für die billigsten quadratischen Fenster und baute sie auf Ost- und Westseite ein, sägte die Holzweichfaserplatte, kreisrund aus, positionierte sie vor dem quadratischen Fenster und verputzte sie. Von innen deckte ich das quadratische Fenster mit der Dreischichtplatte ab, aus der ich eine kreisrunde Fläche in der gleichen Größe herausgesägt hatte. Durch diese plastische Chirurgie und den Lehmputz konnte ich meinen ursprünglichen Wunsch erfüllen. So wurden aus günstigen, quadratischen Fenstern optisch wunderschöne runde Fenster.

Verputzen der Außenwände

Um das Haus vor der Witterung zu schützen, verputzten wir mit Rotkalkputz. Das ist ein Kalkputz, in den etwas Ziegelmehl gemischt wird, so dass er eine leicht rötliche Färbung bekommt. Die Holzweichfaserplatten sind zwar grundsätzlich als Putzträger geeignet, allerdings nicht für Kalkputz. Deshalb brachte ich als erste Schicht einen Klebe- und Armierungsputz mit der Zahnspachtel auf.

Für die Wände war das Prinzip klar, doch wie sollte ich an den Rundungen aus Biegesperrholz vorgehen? Im Fachgeschäft mit kompetenter Beratung wusste keiner so recht, wie man fachgerecht vorgeht. Sie meinten, dass ich am besten als Putzträger ein Streckmetall auf das Biegesperrholz aufnageln sollte, um dann darüber zu verputzen.

So machte ich es dann auch bei der ersten Rundung. Dabei konnte ich die Erfahrung machen, dass das Befestigen des Streckmetalls mit Krampen eine mühselige Arbeit ist. Beim Verputzen stellte ich fest, dass der Klebe- und Armierungsputz seinen Namen nicht umsonst trägt – er klebt wirklich sehr gut und auf allen möglichen Untergründen, auch auf dem Biegesperrholz. Da mir das Metall in der Wand von Anfang an nicht sonderlich sympathisch war, unternahm ich ein Experiment und verputzte die drei restlichen Rundungen ohne Streckmetall. Nach mehr als vier Jahren kann ich nun guten Gewissens sagen, dass das Experiment geglückt ist und alle vier Rundungen gleich schön aussehen.

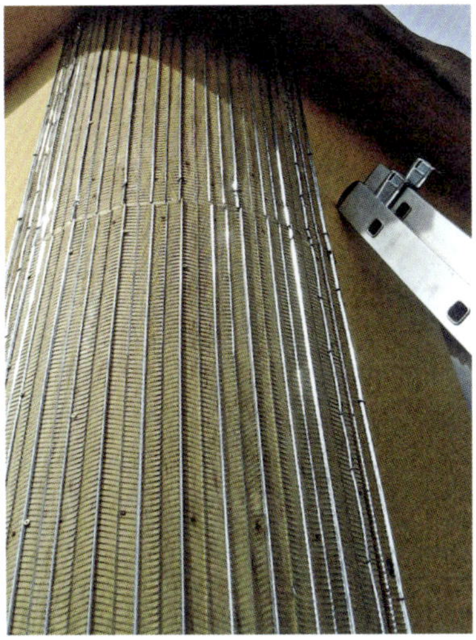

Für die Rundungen aus Biegesperrholz machten wir einen Versuch mit Streckmetall als Putzträger. Für die anderen Rundungen verwendeten wir den Klebe- und Armierungsputz direkt auf dem Biegesperrholz.

Auf den Klebe- und Armierungsputz kam nun der Rotkalkputz, in dem ich ein Armierungsgewebe aus Glasfaser gegen mögliche Rissbildung einlegte. Das war zwar nicht die ökologischste Variante, denn es gibt auch Jute-Armierungsgewebe, in diesem Fall war das jedoch ein bewusster Kompromiss, denn zum einen ist das Jute-Gewebe sehr schwierig zu verarbeiten und zum anderen wird es für Kalkputz nicht empfohlen. Und den wollte ich verwenden, denn im Außenbereich ist Lehm ohne großen Dachüberstand nicht möglich. Er verträgt zwar sehr hohe Luftfeuchtigkeit, aber bei direktem Wassereinfluss, wie beispielsweise Schlagregen, fließt er von der Wand. Zement wollte ich auf keinen Fall, da für seine Herstellung enorm viel Energie benötigt wird.

Beim Verputzen stellte ich fest, dass die Nordseite des kleinen Häuschens ganz schön hoch ist. Nur dank eines zweistöckigen Gerüsts war ein angenehmes Arbeiten möglich. Nach drei Tagen Verputzarbeit erstrahlte das ownhome im neuen Kalkgewand.

Auf die Holzweichfaserplatten haben wir als Putzträger für den späteren Kalkputz einen Klebe- und Armierungsputz mit der Zahnspachtel aufgebracht.

DIE WASSER-VERSORGUNG

Der offene Wasserkreislauf des ownhomes zeigt, dass es möglich ist, durch eine intelligente Kombination aus Technik und Natur kleine, gesunde und funktionierende Kreisläufe aufzubauen. Eine dezentrale, robuste Technologie, mit der überall auf unserer Erde ein verantwortlicher Umgang mit der Ressource Wasser möglich ist.

Grundvoraussetzung für einen hausinternen, funktionierenden Wasserkreislauf ist, dass man kein Schwarzwasser produziert, da es ohne größeren Aufwand nicht mehr zu klären ist. Schwarzwasser wird in der Wassersprache das mit Fäkalien vermischte Wasser genannt. Grauwasser ist das Abwasser ohne Fäkalien, also das Abwasser aus Dusche und Waschbecken. Oft wird das Abwasser aus der Küche nicht dazu genommen, da es sehr fetthaltig sein kann. Wir haben aber entschieden, das Abwasser aus Küche und Bad gleich zu behandeln und dafür stärker darauf zu achten, was in der Küche in den Abfluss gelangt.

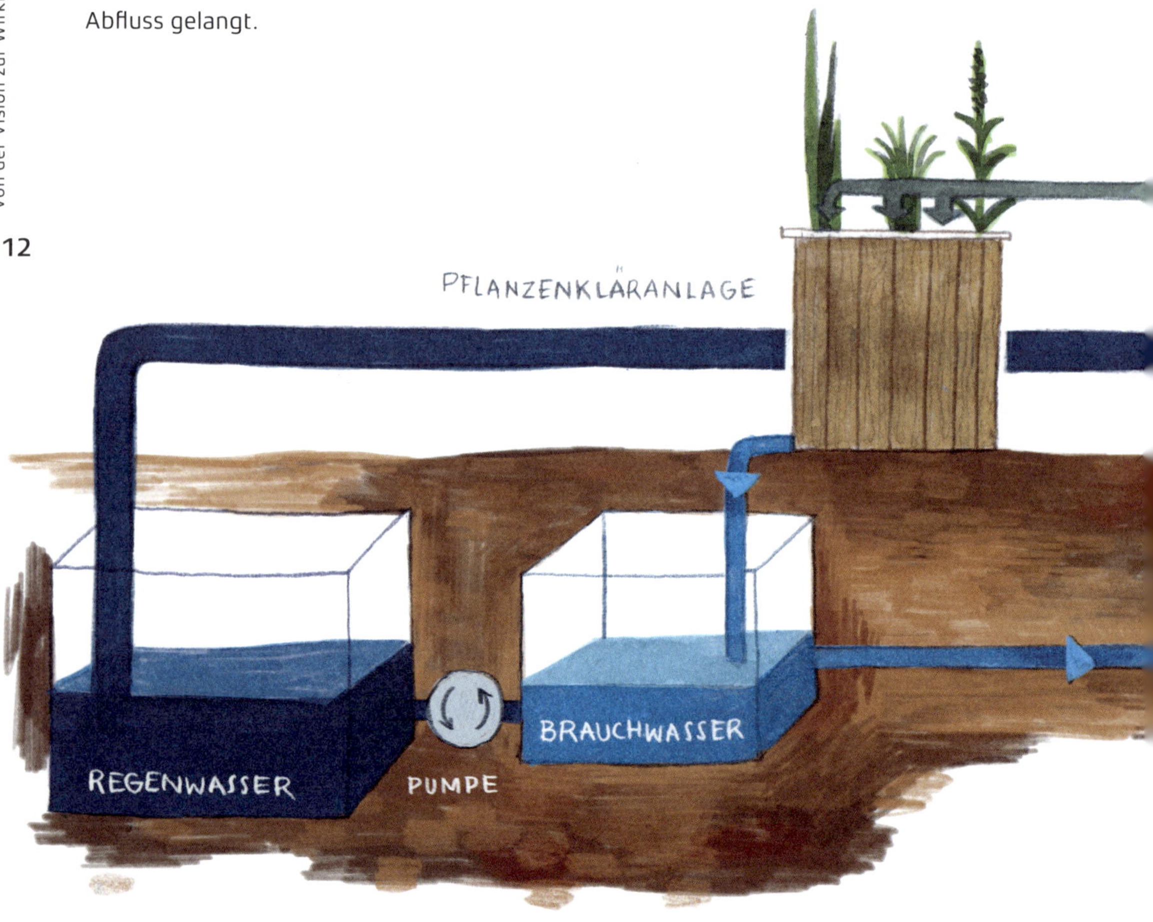

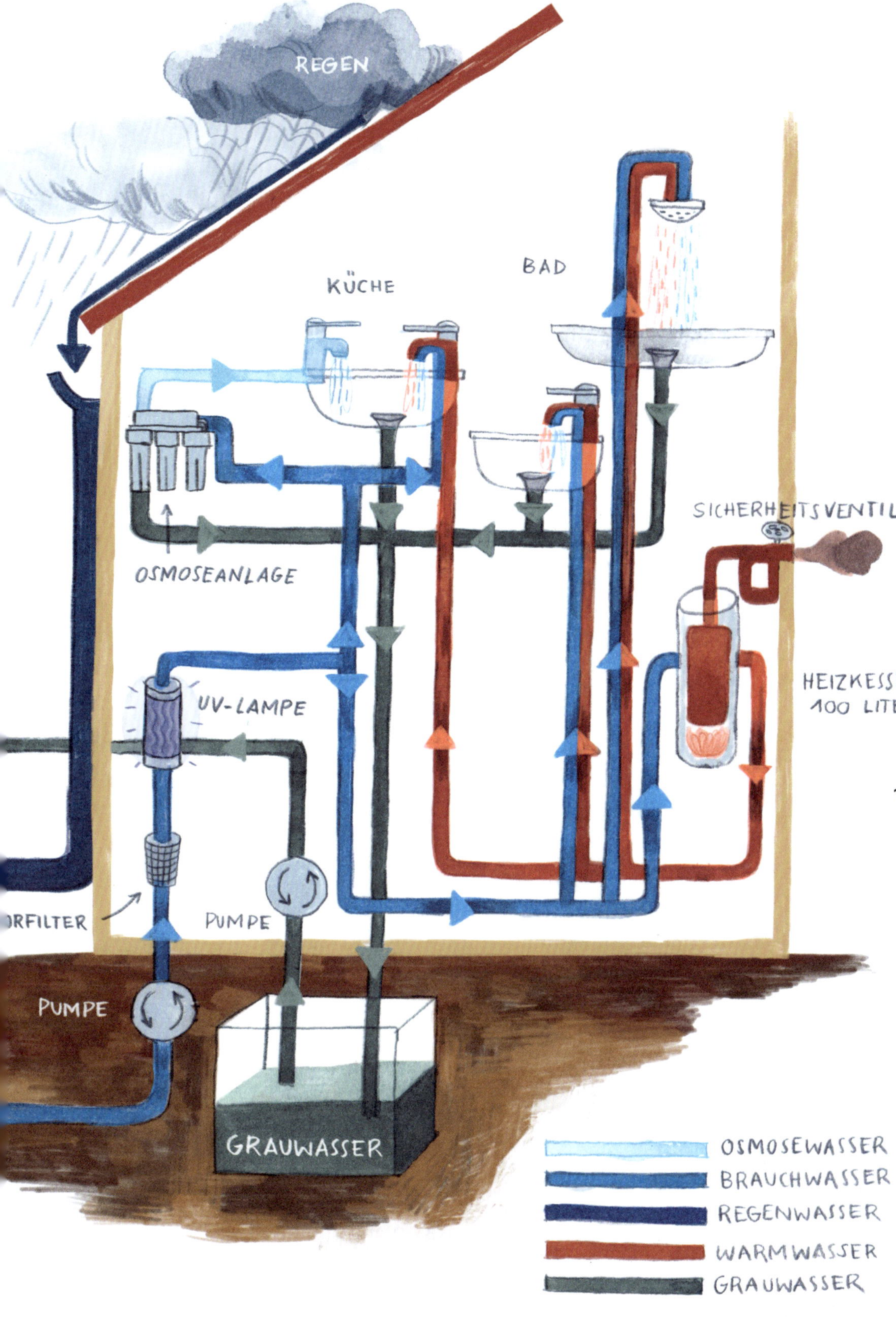
REGEN
KÜCHE
BAD
SICHERHEITSVENTIL
OSMOSEANLAGE
UV-LAMPE
HEIZKESSEL
100 LITER
RFILTER
PUMPE
PUMPE
GRAUWASSER
OSMOSEWASSER
BRAUCHWASSER
REGENWASSER
WARMWASSER
GRAUWASSER

Pflanzenkläranlage

Das Herz des Wasserkreislaufs ist die Pflanzenkläranlage. Um diese fachmännisch planen zu können, holten wir uns bei einer Firma aus der Nähe von Frankfurt Hilfe, die seit über 25 Jahren Pflanzenkläranlagen baut. Nachdem wir unser Projekt vorgestellt hatten, meinten die Mitarbeiter, dass sie eine so kleine Kläranlage noch nie aufgesetzt hätten, aber durchaus Interesse bestünde, das Projekt umzusetzen. Da geklärtes Grauwasser allerdings noch kein Trinkwasser ist, steuerte eine zweite Firma Know-how zur weiteren Filterung und Aufbereitung des Wassers bei:

Im Grauwassertank wird das Abwasser aus Dusche, Waschbecken und Spüle gesammelt. Von dort wird es ein- bis zweimal am Tag hoch auf die Pflanzenkläranlage gepumpt.

Die Pflanzenwurzeln ziehen einen Teil der Verunreinigungen als Nährstoffe aus dem Wasser, bilden einen Lebensraum für Mikroorganismen und sorgen für eine gute Durchlüftung des Substrats. Im Wurzelbereich der Sumpfpflanzen wird also schon ein Teil der Reinigung übernommen. Die Hauptarbeit leisten jedoch die Bakterien, die es sich in den ca. 2 Tonnen Filtermaterial darunter gemütlich eingerichtet haben. Eine Drainage fängt das Wasser schließlich auf. Von dort läuft es in den in der Erde versenkten Brauchwassertank.

Um sicher zu gehen, dass immer ausreichend frische Luft im Wohnraum des ownhomes zur Verfügung steht, installierten wir eine Lüftungsanlage. Später stellte sich heraus, dass wir sie außerdem nutzen können, um die Bakterien in der Pflanzenkläranlage mit Wärme zu versorgen. Wenn es ihnen zu kalt wird, dann sinkt die Arbeitslaune. Wir nutzen also die noch warme Abluft aus dem Haus und schicken diese direkt in die Pflanzenkläranlage bis auf den Grund in den Drainagebereich. Dadurch erreichen wir auch im Winter Frostfreiheit und können die Bakterien bei »Schafflaune« halten.

Weitere Filterstufen

Sobald man im Haus den Wasserhahn aufdreht, fördert die Pumpe das Wasser aus dem Brauchwassertank, schickt es zuerst durch einen Schwebstofffilter und anschließend durch die UV-Entkeimung. Die UV-Entkeimungs-Anlage ist ein Edelstahlrohr, in dem sich eine UV-Lampe befindet. Zwischen Lampe und Außenrohr fließt das Wasser und wird dabei durch die Lampe bestrahlt und entkeimt. Danach kann das Wasser genutzt werden. Das Wasser für den Verzehr wird zusätzlich durch eine Umkehrosmose-Anlage gereinigt.

Jetzt wird sich sicher der ein oder andere fragen, warum wir nicht auch das Regenwasser durch die Pflanzenkläranlage leiten. Schließlich könnte es durch Schmutz vom Dach und Staub aus der Luft verunreinigt sein. Tatsächlich hatten wir diesen Aufbau am Anfang und mussten durch regelmäßige Proben feststellen, dass Regenwasser, selbst wenn es vom Dach kommt, extrem sauber ist. Das bedeutet, dass sich die Qualität des Regenwassers sogar verschlechtert, wenn man es durch die Pflanzenkläranlage schickt, da es dort die Verunreinigungen aus dem Grauwasser des Hauses aufnimmt. Wir entschieden uns also, das Regenwasser direkt in den Tank zu leiten und eventuelle Verunreinigungen durch den Schwebstofffilter im Haus zu beseitigen.

VORSTELLUNG DER KLÄRPFLANZEN AB SEITE 200

Auf dem Boden der Pflanzenkläranlage liegt das Drainagerohr mit drei Steigleitungen nach oben.

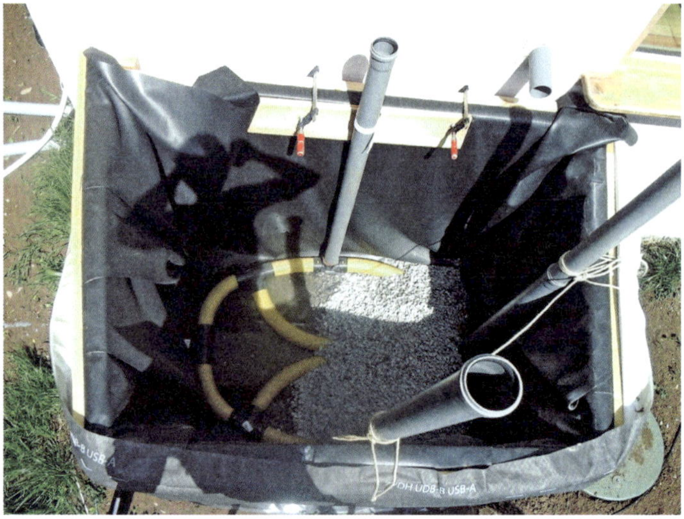

Auf der Pflanzenkläranlage liegt der Rohrverteiler für das Grauwasser.

Die Sumpfpflanzen entwickelten sich schon nach kurzer Zeit sehr gut.

Aus dem Rohr, das bis in die Drainageschicht der Pflanzenkläranlage führt, kommt die warme Abluft unserer kleinen Lüftungsanlage.

Im ersten Jahr der Verwendung schrieb Philipp Alber, ein Student aus Stuttgart, seine Masterarbeit über unseren Wasserkreislauf. Für diese Arbeit ließen wir fünf Wochen lang von einem akkreditierten Labor Wasserproben untersuchen. Die Ergebnisse waren sehr erfreulich:

»Die Überprüfung des Systems auf Trinkwasserqualität, Reinigungsleistung und Mineralbilanz hat gezeigt, dass das beschriebene System in der Lage ist, für die untersuchten Parameter die Grenzwerte der Trinkwasserverordnung bereits vor der Umkehrosmoseanlage größtenteils deutlich zu unterschreiten«

Quelle

Alber, Philipp: Analyse der Betriebssicherheit und Anwendungsorientierung eines abwasserfreien Gebäudes; Masterthesis an der Universität Stuttgart, Institut für Siedlungswasserbau, Wassergüte- und Abfallwirtschaft, betreut von Dipl.-Ing. Carsten Meyer, Juni 2018

Ist Osmosewasser giftig?

Wenn es um die Filterung von Trinkwasser durch eine Umkehrosmose-Anlage geht, gibt es mindestens zwei Meinungen. Sicher ist, dass das Wasser nach dieser Filterstufe extrem rein ist. Dabei ist egal, wie stark es verunreinigt war. Manche Menschen sind der Meinung, dass es nicht gesund sein kann, wenn kaum noch Mineralien im Wasser enthalten sind. Sie haben Angst, dass dem Körper durch dieses Wasser wichtige Stoffe entzogen werden. Ich gehöre zu der Gruppe, die der Meinung ist, dass unser Wasser kein Nahrungsmittel ist, sondern ein Reinigungsmittel. Sowohl von außen als auch von innen. Je weniger das Wasser mit Mineralien belastet ist, desto besser ist es zur Entgiftung geeignet, da es große Kapazitäten hat, Stoffe zu lösen. Die Mineralien, die im Wasser enthalten sind, sind für unseren Körper zum allergrößten Teil sowieso nicht verfügbar und werden direkt ausgeschieden. Wichtige Mineralien bekommen wir bei einem gesunden Lebenswandel über unsere Nahrung. Osmosewasser sollte dann kein Problem sein.

Mehr Infos über das Trinken von Osmosewasser findest du auf der Webseite des Physikers Michael Scholze: **lebendiges-trinkwasser.de**

Wassertanks

Für unseren Wasserkreislauf benötigten wir drei Tanks. Ursprünglich wollten wir Edelstahltanks im Boden unter der Küche verstauen. Aus diesem Grund hatte ich die Bodenfächer bereits um 10 cm erhöht. Doch dann stand die Frage im Raum, wie wir mit der Kondensation umgehen sollten, die entstehen würde, wenn die warme Raumluft auf die kalten Wassertanks trifft. Trotz viel Hirnschmalz und Konsultierung von Experten ließ sich keine ökologische Lösung für diese Problematik finden. Irgendwann hatte ich dann die Nase voll und traf die Entscheidung, dass die Wassertanks nicht in den Fußboden, sondern nach draußen ins Erdreich kommen. Darüber bin ich im Nachhinein sehr froh, denn heute weiß ich, dass Wasser

Technisch doch nicht notwendig: Die Stufe zwischen Küche und Wohnraum ist nun eine rein ästhetische Raumaufteilung.

entweder kalt oder heiß sein sollte. Laue Temperaturen sind die ideale Brutstätte für Keime und Bakterien.

Den bereits erhöhten Fußboden wollte ich nicht wieder zurückbauen und aus diesem Grund entstand eine Stufe, die ich später als gestalterisches Element für die Aufteilung der Räume umdeutete.

Das Grauwasser benötigte einen Tank mit ca. 500 Liter Fassungsvermögen und das Frischwasser einen weiteren Tank mit der gleichen Größe. Der dritte Tank für das Regenwasser durfte gerne auch größer sein. Bei der Materialauswahl waren wir uns nicht sicher, ob wir Edelstahl oder trinkwassergeprüftes PE verwenden sollten. Ohne die genaue Ökobilanz zu berechnen, entschieden wir uns für die Tanks aus PE. Sie werden bei uns in der Region mit Erneuerbaren Energien gefertigt und sind erheblich günstiger als vergleichbare Tanks aus Edelstahl. Den ein oder anderen Kompromiss muss man eben doch machen. Das Regenwasser wird in einem 2500-Liter-Flachtank gespeichert.

Da sich alle Bereiche, die mit der Wasserversorgung zu tun haben (Küche und Bad), auf der Westseite befinden, platzierten wir die Tanks und die Pflanzenkläranlage auch an dieser Seite der kleinen Villa.

Für die Tanks galt es nun, passende Löcher mit einer Tiefe von 130 cm auszuheben. Was für ein glücklicher Zufall, dass wir gerade Besuch von zwei ehrgeizigen Waldorfschülern hatten, die sich fest vornahmen, die Löcher mit Schaufel und Spaten zu graben. Bei knappen 30° C im Schatten schmolz der Ehrgeiz dahin und nach einer guten Stunde und gerade 20 cm Lochtiefe waren sie ganz leicht davon zu überzeugen, dass in diesem Fall ein kleiner Bagger sinnvoll eingesetzt werden kann. Ein Anhänger für den Transport, 200 € Mietpreis und ein halber Tag Arbeit, dann waren die drei Löcher für die Wassertanks und ein viertes Loch für unsere geplante Aquaponikanlage ausgehoben und das ohne Hitzschlag oder Rückenschmerzen. Die richtige Technik zur richtigen Zeit am richtigen Ort kann das Leben erleichtern.

Die Löcher für die Tanks gruben wir letztlich doch mit einem Minibagger.

Die Löcher waren 130 cm tief. Die unteren 10 cm füllten wir mit Sand auf und zogen diesen mit einer Wasserwaage glatt ab. Dadurch entstand eine sichere Standfläche für die Tanks ohne Druckstellen durch Steine oder Unebenheiten. Dann holten wir die Tanks bei der Herstellerfirma mit einem großen 6 Meter langen Anhänger ab. Zu dritt, mit etwas Geschick und ein wenig Hebeltechnik gelang es uns, die Tanks in die richtige Position zu bringen. Den Raum rund um die Behälter füllten wir mit Sand und steinfreier Erde auf. Ihre Außenhaut sollte nicht mit scharfkantigen Gegenständen in Berührung kommen, da diese durch Druck über einen längeren Zeitraum zu erheblichen Schäden führen können.

Für jeden Tank gibt es eine eigene Pumpe, die jeweils an der Innenseite der Westwand des Hauses angebracht ist, damit sie immer frostfrei bleibt. Die erste Pumpe ist für den Grauwassertank vorgesehen und dafür zuständig, das Grauwasser in die Pflanzenkläranlage zu pumpen. Die Aufgabe der zweiten Pumpe ist es, das Wasser aus dem Regenwassertank in den Brauchwassertank zu pumpen und die dritte Pumpe reagiert auf Druckabfall und fördert Wasser aus unserem Brauchwassertank ins Haus, sobald ein Wasserhahn geöffnet wird. Sie baut einen Wasserdruck von über fünf bar auf. Sobald durch die Öffnung einer Zapfstelle der Druck abfällt, fördert die Pumpe Wasser. Wenn das System wieder geschlossen wird, schaltet sie bei 5 bar automatisch wieder ab.

Jetzt mussten wir noch die Tanks mit den jeweiligen Pumpen verbinden. Dazu verwendeten wir ein Kunststoff-Aluminium-Verbundrohr mit 20 mm Durchmesser. Diese Rohre lassen sich sehr leicht verarbeiten.

In den Tanks enden die Rohre ca. 10 cm über dem Boden. Ihr Ende wird mit einem engmaschigen kleinen Stahlsieb geschützt. Dadurch wird verhindert, dass eine mögliche Verschmutzung angesaugt und zur Pumpe transportiert wird. Um die Rohrleitungen vor Frost zu schützen, verlegten wir einen Heizdraht um sie herum.

Die drei Tanks konnte ich mit einem Anhänger direkt beim Hersteller abholen.

Mit viel Frauenpower und geschickter Hebeltechnik ließen sich die Wassertanks bewegen.

Am Nachmittag hatten wir die Tanks im Sandbett in ihre finale Position gebracht.

DIE ENERGIEVERSORGUNG

Will man sich selbst mit Energie versorgen, muss man auf engstem Raum mit begrenzten Ressourcen auskommen. Es ist also wichtig, für jeden Verbraucher die effizienteste Energiequelle zu nutzen und Verluste oder ineffektive Nutzung bei der Umwandlung von zum Beispiel elektirischer Energie in Wärmeenergie zu vermeiden. Deshalb gibt es im ownhome mindestens drei verschiedene Energiequellen, die genutzt werden.

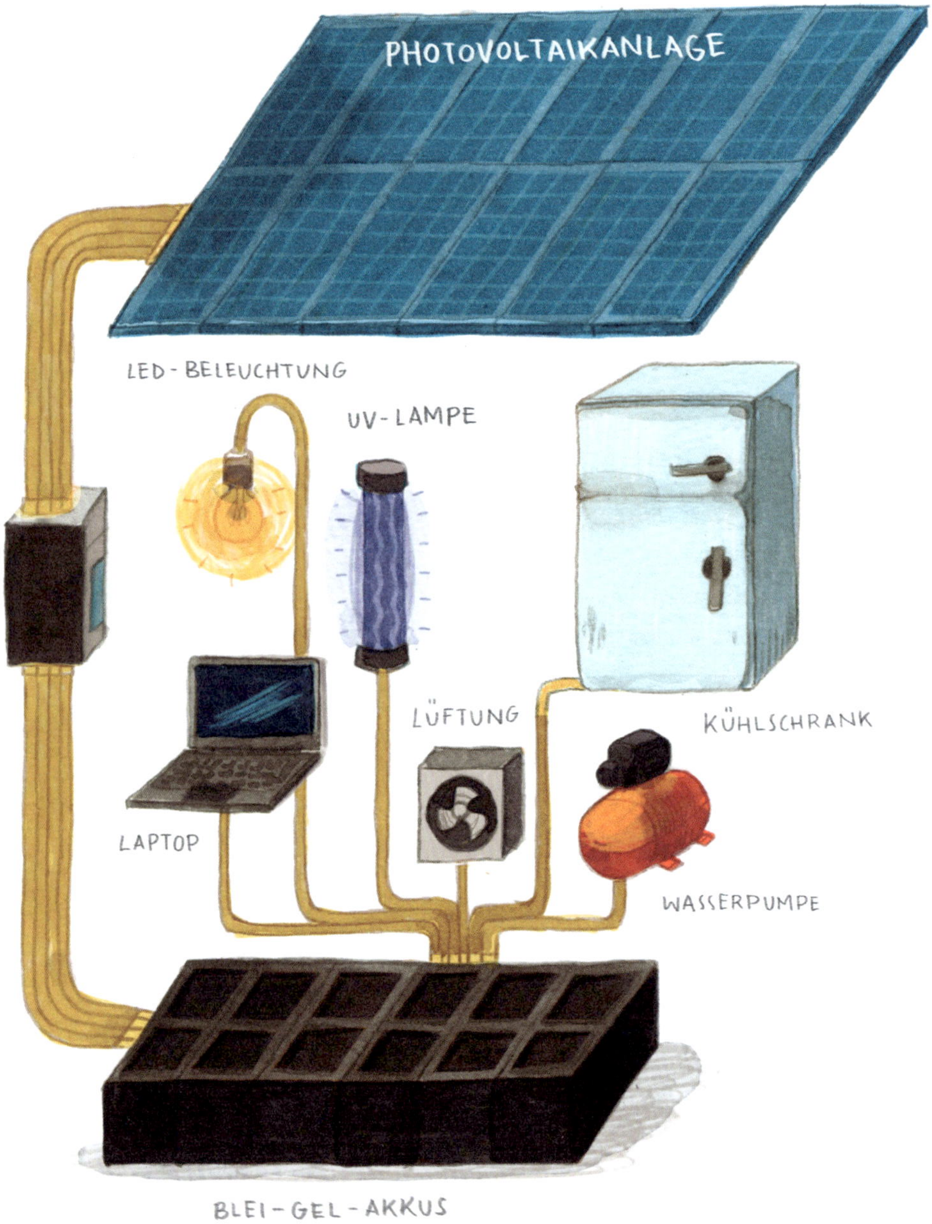

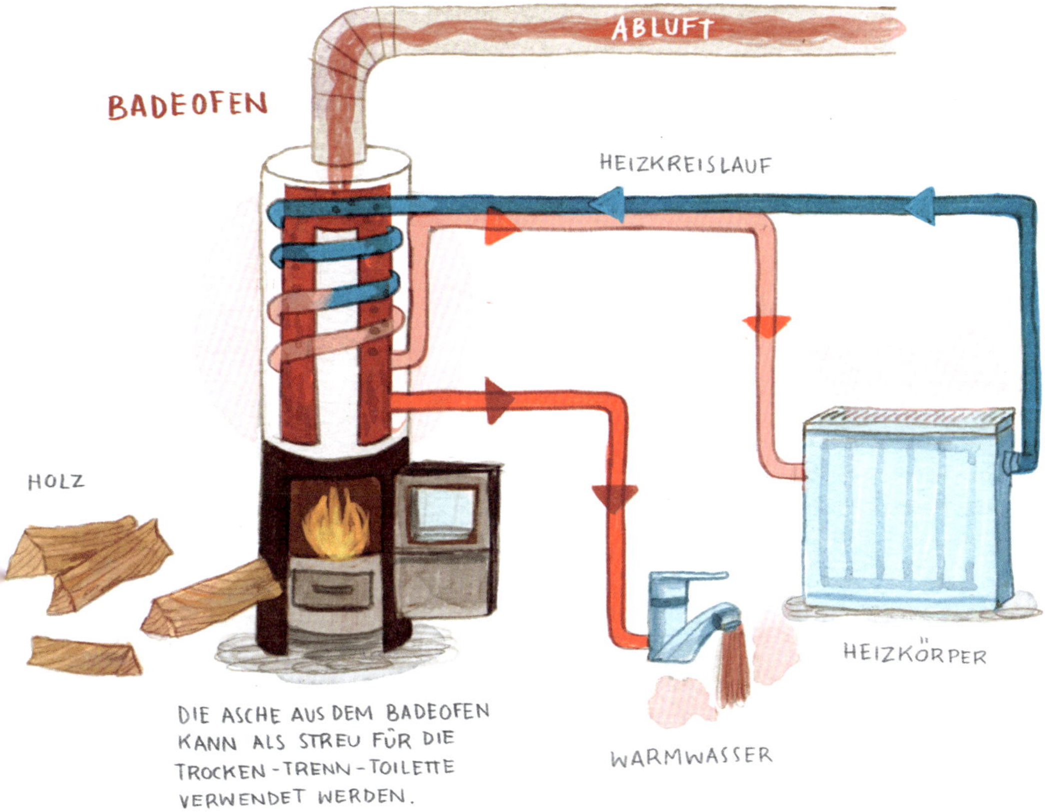
BADEOFEN
ABLUFT
HEIZKREISLAUF
HOLZ
HEIZKÖRPER
WARMWASSER
DIE ASCHE AUS DEM BADEOFEN KANN ALS STREU FÜR DIE TROCKEN-TRENN-TOILETTE VERWENDET WERDEN.

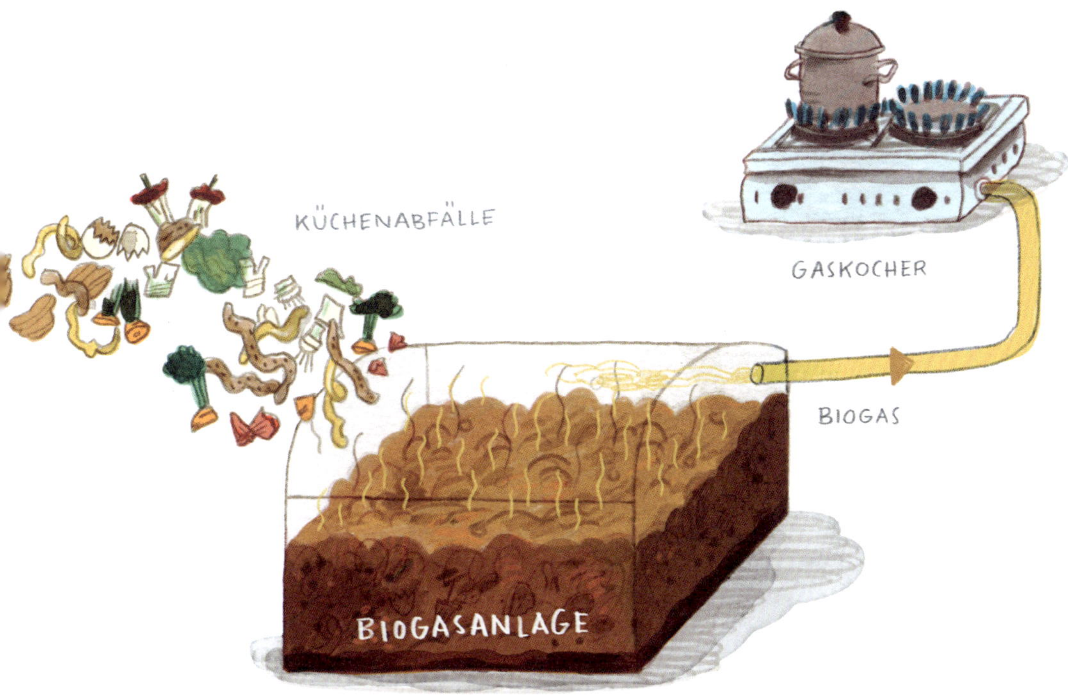
KÜCHENABFÄLLE
GASKOCHER
BIOGAS
BIOGASANLAGE

Strom

Vor der Witterung geschützt: die Laderegler an der Außenwand rechts neben dem Eingang.

Die sechs Bleigel-Akkus sind in den Bodenfächern an der Eingangstür untergebracht..

Die Photovoltaikanlage

Wir installierten auf dem Dach 12 Module mit jeweils 245 Watt, insgesamt 2,9 kWp Leistung. Davon sind immer drei zu einem String zusammengeschaltet. Jeweils zwei Strings laufen dann auf der Nordseite zu einem Laderegler und dieser speist die Batterien, die sich direkt hinter der Eingangstür in zwei Fußbodenfächern befinden. Die verbauten Bleigel-Akkus benötigen zwar mehr Platz als die Lithium-Ionen-Technik und leisten sehr wahrscheinlich weniger Zyklen, aber sie lassen sich problemlos recyceln.

Für die Installation der Module wählten wir eine Aufdachmontage, bei der die Module mit Edelstahlhaken oberhalb der Ziegel befestigt werden. Das ist unkompliziert und gleichzeitig erhält man so den höchsten Ertrag, da hinter den Modulen ein kühlender Luftstrom entsteht (siehe Foto auf Seite 109).

Die Anlage bringt an den kürzesten Tagen im Winter, wenn die Sonne nicht scheint, noch ca. 1 kWh Ertrag. Das reicht gerade so aus, um alle meine elektrischen Geräte zu versorgen. Ab dem Frühjahr habe ich dann mehr als ausreichend Strom. Die elektrischen Verbraucher, die Speicherkapazität der Akkus und die Leistung der Photovoltaik-Anlage sind so aufeinander abgestimmt, dass rund um die Uhr ausreichend Energie vorhanden ist.

Besonderheiten der Stromversorgung

Von der Erzeugung über die Speicherung bis hin zu den Verbrauchern arbeitet das ownhome mit Gleichstrom. Das schließt zum einen Wandlungsverluste aus, wodurch die Energie effizienter genutzt werden kann, zum anderen benötigen viele moderne Geräte ohnehin Gleichstrom. Ein toller Nebeneffekt ist, dass es bei Gleichstrom keinen Elektrosmog gibt, da keine elektrischen und magnetischen Wechselfelder entstehen.

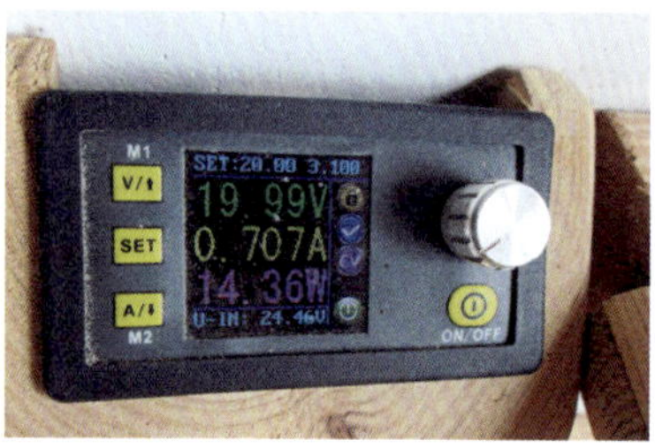

Dieses kleine Gerät sorgt für die passende Stromspannung für meinen Laptop.

Das Besondere an einer Versorgung mit Gleichstrom ist, dass jeder die Elektroinstallation selbst vornehmen darf und sie von keinem Elektriker abgenommen werden muss.

Heute kann man fast alle Geräte gleichstrombetrieben mit 12 V oder 24 V finden. Allerdings gibt es ein paar Feinschmecker. Dazu gehören Laptops. So möchte beispielsweise mein Laptop exakt 20 V. Also musste ich einen Gleichrichter besorgen. Dieser wandelt z.B. 24 Volt in jede beliebige Spannung um, so dass ich mein Laptop direkt über meine Batterien betreiben kann. Es bekommt die 20 Volt und ich kann gleichzeitig den Verbrauch und die Batteriespannung ablesen.

Im ownhome gibt es tatsächlich Steckdosen. Diese sehen allerdings nicht wie gewöhnliche Steckdosen aus, sondern wie die Zigarettenanzünder aus Fahrzeugen. Zusätzlich habe ich noch einen USB-Stecker, mit dem ich problemlos kleinere elektronische Geräte betreiben oder aufladen kann.

Mit diesen drei Steckdosen kann ich die Akkus meiner Verbraucher laden.

Die wichtigsten Verbraucher

Mein größter Verbraucher ist die **UV-Entkeimung**, die 21 Watt rund um die Uhr verbraucht.

Ein weiterer »Großverbraucher« ist der **Kühlschrank**. Dieser sieht zwar nicht außergewöhlich aus und ist im Prinzip auch nicht besonders sparsam, läuft aber mit 12 oder 24 Volt Gleichstrom und hat eine externe Kühleinheit. Diese lagerte ich in eines der Fußbodenfächer aus, wodurch der Kompressor nicht mehr hörbar ist. Das ist angesichts der geringen Raumgröße sehr vorteilhaft.

Dann gibt es noch die kleine **Lüftungsanlage** mit Kreuzwärmetauscher, die rund um die Uhr 4 bis 8 Watt Strom verbraucht.

Deutlich mehr verbraucht unsere **Wasserpumpe**. Bei voller Leistung sind es 80 Watt. Die Laufzeit über den Tag ist aber sehr gering und somit zählen die Wasserpumpen zu den Gering-Verbrauchern.

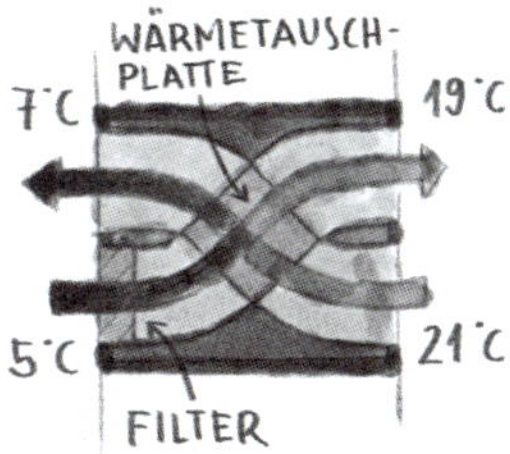

Kreuzwärmetauscher
Im Kreuzwärmetauscher fließt die einströmende, kalte Luft an der ausströmenden, warmen Luft vorbei, dadurch findet ein Temperaturausgleich statt. Die ausströmende Luft gibt einen Teil ihrer Energie an die einströmende Luft ab und wärmt diese dadurch ein wenig vor.

123

Innovative LED-Beleuchtung

In der Bauphase bekam ich Besuch von Franz Streibl, dem Geschäftsführer eines Start-ups, das nachhaltige LEDs produziert. Er begeisterte sich spontan für das Konzept und fragte, ob er die Beleuchtung für die kleine Villa machen dürfe. Tatsächlich überzeugte mich das angenehm warme Farbspektrum und die Sparsamkeit seiner LEDs und ich sagte zu.

Als stylishen »Lampenschirm« konnte ich Glasrohre verwenden, die noch aus meiner Parabolrinnenzeit übrig waren.

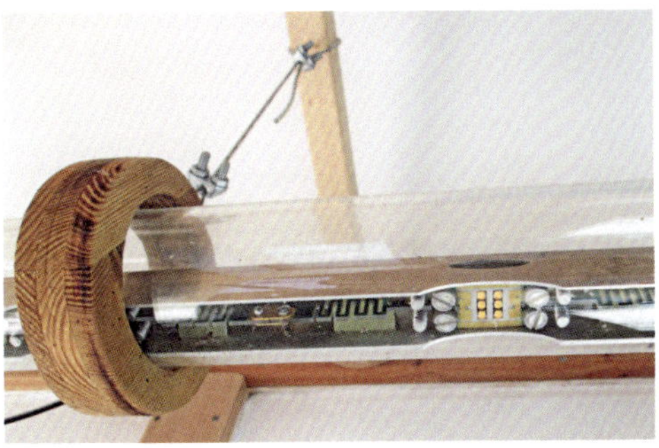

Die nachhaltigen, modernen LEDs sind sehr effizient: Einer dieser Leuchtpunkte verbraucht ca. 4 Watt und 10 Leuchtpunkte erzeugen etwa 5000 Lumen. Das macht die Nacht zum Tag.

BIO-ETHANOL-KOCHER

Mein kleiner Herd hat zwei Feuerstellen. Wenn die Kartuschen befüllt sind, kann man damit ca. 4 bis 5 Stunden kochen.

Brennspiritus und Ethanol werden in Deutschland mit **MEK und Bitrex** vergällt. Dadurch wird der Alkohol ungenießbar und kann günstiger verkauft werden. MEK steht für die chemische Substanz: Methylethylketon. Bitrex ist die Bezeichnung für Denatoniumbenzoat. Es ist die bitterste bekannte Substanz.

Kochen und Backen

Auch beim Kochen und Backen wollten wir eine möglichst nachhaltige Lösung finden. Strom war ausgeschlossen, da dafür zu viel Leistung benötigt wird. Die Lösung, die mir spontan sehr gut gefallen hat, war die Nutzung von Bioethanol als Brennstoff – vorzugsweise aus regionaler Erzeugung. So kaufte ich einen Zwei-Flammen-Kocher, einen Backofen und 30 Liter 100% hochreines Bio-Ethanol. Als ich das erste Wasser auf den Herd stellte, kochte es schon nach wenigen Minuten. Mit der Geschwindigkeit war ich sehr zufrieden, allerdings roch es nach verbranntem Spiritus. Bei 100% reinem Alkohol dürfte das nicht sein. Dieser müsste geruchsneutral zu Wasser und CO2 verbrennen. Ich schaute mir den Kanister genauer an und las unter dem Satz »100% hochrein«, dass es mit 1% MEK vergällt war und Bitrex enthielt. Daher kam also der Geruch, den ich nicht in meiner Luft haben wollte. Zu ärgerlich.

Auf dem Markt gibt es kein Bio-Ethanol, das nicht mit diesen Stoffen vergällt ist. Das wird gemacht, um zu verhindern, dass er missbräuchlich als billiger Alkohol konsumiert wird.

Methanol wäre eine Alternative. Man kann es im gewerblichen Bereich tatsächlich nahezu 100% rein kaufen und es wird nicht vergällt, weil nicht die Gefahr besteht, dass es getrunken wird. Beim Genuss von Methanol wird man nämlich erst blind und dann tot. Das ist Schutz genug. Ich bestellte einen 10-Liter-Kanister und war gleich beim ersten Versuch begeistert. Genauso schnell und nichts zu riechen. Mit reinem Methanol sollte man jedoch vorsichtig umgehen und darauf achten, dass man es nicht direkt auf die Haut bekommt, da es absorbiert wird und dadurch die Leber schädigen kann.

Unsere Biogas-Testanlage. Das fertige Gas wird in Luftkissen gespeichert, bis es mit einem Gasbrenner zum Einsatz kommt.

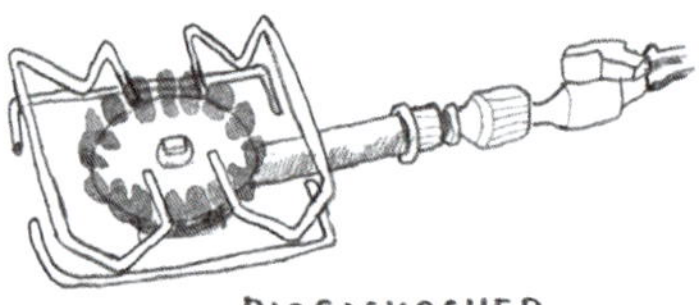

BIOGASKOCHER

Eine nachhaltige und im Umgang sicherere Lösung ist die Nutzung von Biogas. Es gibt auch schon einige gut funktionierende kleine Hausanlagen. Diese lassen sich in warmen Ländern gut betreiben, aber für unser winterliches Klima gibt es noch keine praktikable, ausgereifte Lösung, denn die Bakterien hätten gerne eine Umgebungstemperatur zwischen 20 und 25° C. Vor allem mit kleinen Anlagen ist es schwierig, diese Voraussetzung im Winter zu erfüllen.

Seit Mitte 2020 stellen wir uns dieser Herausforderung und haben mit Kathrin Pütz eine Spezialistin für Biogas-Anlagen an unserer Seite.

Heizung und Warmwasser

Obwohl wir das Häuschen dicht gebaut und gut gedämmt haben, muss es im Winter beheizt werden. Außerdem sollen die Bewohner eines ownhomes nicht auf warmes Wasser verzichten müssen. Der gute alte Badeofen löst beide Probleme sehr elegant.

Mein Freund Robin, der auf diese Idee kam, warnte mich. Er meinte, dass wir den Ofen ummauern oder auf andere Art dämmen müssten, da er mit einer Heizleistung von 8 KW angegeben ist und er als Heizbedarf für unser Haus nur 1 KW berechnet hätte. Ich sah das etwas lockerer und meinte, dass ich recht hitzeresistent sei und wir das einfach ausprobieren. Falls es dann doch zu warm würde, gäbe es so viele Fenster und Türen, dass sich das schnell regulieren ließe.

Wir bauten den Ofen ein und schlossen an den Stellen, an denen normalerweise die Badewannenarmatur angeschlossen wird, unseren Hauskreislauf an. In den Kreislauf bauten wir noch ein Ausdehnungsgefäß ein, in das sich das Wasser ausdehnt, wenn es durch die höhere Temperatur mehr Platz braucht.

Im Herbst, als es kühler wurde, kam dann der Moment, an dem ich den Ofen zum ersten Mal anfeuerte. Die Brennkammer ist so klein, dass man nur Stücke mit einer Länge von ca. 25 cm verwenden kann. Dafür ist der Zug umso kräftiger und es war ein reines Vergnügen, den Ofen anzumachen.

Der Badeofen ist sowohl Heizung als auch Warmwasserbereiter. Einmal am Tag für eine Dreiviertelstunde befeuert, sorgt er einen kompletten Tag für angenehme Wärme.

Ich war auf alles gefasst, nur nicht darauf, dass das Feuer kräftig brannte, aber es kaum spürbar wärmer wurde. Nachdem das Wundern in konstruktives Überlegen überging, lag die Lösung auf der Hand. Der größte Teil der Heizleistung wurde vom Wasser aufgenommen und nur ein ganz kleiner Teil strahlte in den Raum. Erst als der komplette Wassermantel nach einer guten halben Stunde auf über 60° erwärmt war, wurde die Wärme im Raum deutlicher spürbar. Es war eine sehr angenehme Wärme. Keine heiße Ofenluft, wie ich es aus meinen bisherigen Heizerfahrungen kannte. Stattdessen eine milde Strahlungswärme, die langsam und kontinuierlich von dem Edelstahlbehälter in den Raum abgegeben wurde.

Wasser ist ein sehr guter Wärmespeicher und so wirkte der Wassermantel ähnlich wie ein Kachelofen und es blieb bis zum nächsten Morgen gemütlich warm. Als ich dann den Ofen wieder anfeuerte, war ich etwas zu eifrig. Gott sei Dank hat er eine Sicherheitsvorrichtung, sodass das Wasser nicht zu heiß wird. Bei über 90° C schickt er das heiße Wasser über eine separate Leitung nach draußen und kaltes Wasser fließt automatisch nach. Das ist dann auch deutlich hörbar. Es war ein schreckliches Geräusch, da ich wusste, dass nun auch meine kostbare Wärmeenergie ungenutzt nach draußen gelangte. Ganz schnell nahm ich eine lange, heiße Dusche, um das warme Wasser wenigstens noch zu nutzen. Seit diesem Erlebnis achte ich sehr aufmerksam darauf, dass die Wassertemperatur unter 80° bleibt.

So lebte ich beruhigt in den Winter und hatte es immer gemütlich warm. Bis der Winter im Januar dann sein wahres Gesicht zeigte – mit echten Polartemperaturen von deutlich unter null Grad. Das legte eine Schwachstelle des Badeofens offen: Er hat nur eine sehr begrenzte Oberfläche für die Abstrahlung der Wärme und auch die Temperatur ist – wie ich ja bereits festgestellt hatte – begrenzt. Bis null Grad reichte es, wenn ich den Ofen am Abend ein zweites Mal heizte. Als die Temperaturen unter null Grad sanken, sank auch die Temperatur im Innenraum unter zwanzig Grad. Das war nicht mehr meine Wohlfühltemperatur und ich begann mit Plan B. Wir hatten das Badeofenmodell mit einem eingebauten Wärmetauscher gewählt. Ich montierte in der Mitte des Häuschens unter dem Tisch und im Bad jeweils einen Heizkörper und schloss diese an den Wärmetauscher an. Dazwischen baute ich eine sehr sparsame Zirkulationspumpe, die mit Gleichstrom betrieben wird. So konnte ich sie über einen Schalter direkt an das Batteriesystem anschließen.

Ein Heizkörper ist in der Mitte des Hauses angebracht.

Der zweite Heizkörper ist im Badezimmer.

Die Gleichstrom-Zirkulationspumpe für das Heizungswasser

Das Heizsystem selbst funktioniert mit einer sehr hoch entwickelten Steuerung: Es gibt kein Thermostat. Wenn mein Sensor »Körper« spürt, dass es zu kalt ist, dann schickt er ein Signal an die Zentrale und die veranlasst, dass ich den Schalter für die Pumpe einschalte. Dann verteilt sich die Wärme zusätzlich auf die beiden Heizkörper und wenn es mir warm genug ist, dann gibt es das automatische Steuersignal von Hirn an Hand »Schalter aus«, und die Heizung ist wieder aus. Ein Wunder der Technik!

Die Leitungen zu den Heizkörpern habe ich in den Fußbodenfächern recht weit oben verlegt, so dass es jetzt an einigen Stellen den angenehmen Effekt einer Fußbodenheizung gibt. Durch die zwei Heizkörper, die die Abstrahlfläche des Badeofens nun deutlich vergrößerten, wurde der Winter mein Freund. Auch bei minus 25° C draußen kann ich drinnen auf gemütliche 25° C plus einheizen.

Hierzu noch eine wichtige rechtliche Sache: In dem Moment, in dem an den Badeofen Heizkörper angeschlossen werden, verwandelt er sich vom Einzelofen in eine Zentralheizung. Dafür gibt es vom Schornsteinfeger viel strengere Auflagen und er kann verlangen, dass ein Feinstaubfilter eingebaut wird.

Phasenwechselmaterial

Bei der Entwicklung für die Ideen der Energieversorgung arbeiteten wir eng mit der Hochschule Mannheim zusammen. Diese hat ein eigenes Phasenwechselmaterial aus Salzhydraten entwickelt, das wir zum ersten Mal im praktischen Einsatz testen und vermessen wollten. Es handelt sich um ein Material, das seinen Schmelzpunkt bei 21° C hat. Wenn es wärmer wird, dann schmilzt es, nimmt Wärmeenergie auf und hält somit die Umgebung kühl. Wenn es kälter als 20° C wird, beginnt es zu kristallisieren und gibt die gespeicherte Wärme wieder an die Umgebung ab. Wir bauten in der Zwischendecke 300 kg des Materials ein und im Fußboden weitere 200 kg und zeichneten dann ein Jahr lang an fünfzehn verschiedenen Stellen die Temperatur auf.

Tatsächlich hielt sich die Temperatur sehr lange stabil um die 20° C, selbst wenn es draußen schon deutlich kälter oder wärmer war. Durch die Messungen konnten wir feststellen, dass das Material in der Zwischendecke viel effektiver ist als das im Fußboden. Bis es unter dem Fußboden Temperaturen von über 21° C hat, ist diese in der Zwischendecke schon längst erreicht. Zusammenfassend lässt sich sagen, je mehr Masse an der richtigen Stelle eingebaut ist, desto wirkungsvoller ist der Effekt. Eine super einfache und unempfindliche Unterstützung für die Stabilisierung der Wohlfühltemperatur.

In der Zwischendecke liegen 300 kg Phasenwechselmaterial. Gut, dass das ownhome so stabil gebaut ist.

Wie sich später herausstellte, ist das Phasenwechselmaterial in der Zwischendecke besser aufgehoben. Der Platz im Boden sollte also besser als Stauraum für Dinge genutzt werden.

DER INNENAUSBAU

Als Putzträger für den Lehm haben wir auf die Dachschräge 8 mm starke Holzweichfaserplatten angeschossen.

Das Verputzen auf engstem Raum war etwas umständlich, hat sich aber gelohnt.

Treppe und Schrank in einem: Die Sambatreppe haben wir mit Holzresten verkleidet und so aus ihr einen Schrank gemacht.

Wände und Oberflächen

Auch im Inneren des ownhomes wollte ich hauptsächlich Holz, Lehm und Kalk verwenden. Trotzdem waren noch einige Fragen offen. Zum Beispiel war noch nicht klar, welche Holzarten für den Fußboden am besten geeignet sind. Das Holz sollte stabil, hell und leicht zu pflegen sein. Wir entschieden uns für Dreischichtplatten aus Ahorn. Bei Dreischichtplatten ist der Kleberanteil deutlich geringer als bei OSB-Platten aber sie sind auch nicht 100% ökologisch, da sich zwischen den Holzschichten zwei dünne Leimschichten befinden, die an den Schnittstellen ausdünsten können. Das ist die Theorie. In der Praxis hat sich gezeigt, dass sich auch Menschen, die unter MCS (Multiple Chemikalien-Sensitivität oder vielfache Chemikalienunverträglichkeit) leiden, im ownhome wohlfühlen.

Ahorn ist eines der besten, härtesten aber auch teuersten einheimischen Hölzer. Mit ausschlaggebend für die Ahornplatten war die schöne, helle Färbung.

Für die Tür- und Fensterlaibungen verwendete ich Douglasie, ein etwas rötliches Holz. Die Reste von Fußboden und Laibungen kamen dann beim Bau des Treppenschranks zum Einsatz.

Auf die Decke tackerten wir 8mm Holzweichfaserplatten mit vielen, vielen Klammern. Diese Platten sind als Putzträger für den Lehmputz geeignet.

Für das Verputzen der schrägen Decke sind unterschiedliche Fähigkeiten gefragt. Gelenkigkeit, ähnlich wie für Yoga, Geduld, um die teilweise aggressive Schwerkraft zu besiegen und ein bisschen Geschicklichkeit beim Verarbeiten des Gewebes. Wir waren zu zweit und haben für den Grundputz einen Tag benötigt. Für den weißen Feinputz habe ich dann alleine noch mal einen guten halben Tag gebraucht.

An den Wänden brachte ich den Klebe- und Armierungsputz als Träger auf. Die Rundungen im Innenbereich haben einen deutlich engeren Radius als die im Außenbereich. Das war die Grenze, die das 8 mm Biegesperrholz noch mitmachte. Hinter dem Sperrholz konnten wir jetzt all die Überbleibsel der flexiblen Holzfasermatten sinnvoll verbauen. Es war zwar ein wenig mühsam, aber so konnten Restbaustoffe, die normalerweise entsorgt worden wären, noch als hochwertige Baumaterialien verwendet werden.

Das eckige Fenster, das jetzt rund aussah, weckte die Fantasie. Rund wie die Sonne durfte es auch strahlen wie die Sonne. Also schnitt ich eine alte Messingplatte in dünne Streifen und klebte sie mit doppelseitigem Klebeband rund um das Fenster auf das Holz. Dann begann ich die Flächen zwischen den Streifen zu verputzen. Es wäre natürlich deutlich einfacher gewesen, zuerst die gesamte Fläche zu verputzen und anschließend die Streifen auf den Putz zu kleben. Allerdings entstand durch das Verputzen zwischen den Streifen ein räumlicher Effekt, der ganz anders wirkt, als wenn die Streifen nachträglich aufgeklebt worden wären. Der Mehraufwand hat sich eindeutig gelohnt, denn zum einen war es eine Herausforderung fürs Verputzen und zum anderen freue ich mich jeden Tag über das strahlende Sonnenfenster, sogar bei Regen.

Durch die eingeputzten Messingstreifen scheint die Sonne im ownhome jeden Tag, ganz unabhängig vom Wetter.

Natürlich würde sich ein solcher Arbeitsaufwand nach unseren heutigen Maßstäben nie rechnen. Günstig und schnell erledigt muss es sein, das entspricht unserem auf Effizienz getrimmten Denken. Das berücksichtigt aber nicht die Freude beim Arbeiten und noch viel weniger die langfristige Wirkung von dem, was wir gestalten. Diese Werte lassen sich nicht in Zahlen ausdrücken und sind somit für ein System, das alles in Tabellen und Diagrammen greifbar machen und monetär bewerten möchte, nicht vorhanden.

Die Innenwände sind mit ca. 1,5 cm Lehmgrundputz und darüber mit ca. 3 mm weißem Lehmfeinputz verputzt.

Für den klappbaren Tisch im Zentrum und für die Arbeitsplatte in der Küche kam eine Dreischichtplatte aus Lärchenholz zum Einsatz. Aus den Resten der Platte sägte ich die Fensterbretter für den Außenbereich. Tisch, Arbeitsplatte und Fußboden habe ich dann zweimal mit Hartöl behandelt, sodass die Oberflächen sehr robust und trotzdem noch diffusionsfähig sind. Die meisten Hölzer wurden gar nicht behandelt, wodurch sie sich mit ihren natürlichen Eigenschaften sehr positiv auf das Raumklima auswirken. Jede Oberfläche, egal ob Holz oder Lehm,

kann Feuchtigkeit aufnehmen und bei Bedarf wieder abgeben. So ist hier im ownhome immer ein angenehmes Urlaubsklima garantiert und Gewitterstimmungen haben keine Chance.

Urlaub? Das Wort Urlaub kann praktisch aus dem Wortschatz gestrichen werden. Alle Klimazonen sind rund ums ownhome vorhanden. Im Folienanbau herrscht oft afrikanisches Klima, auf der Ostseite geht es dann Richtung Südfrankreich bzw. Spanien und im Norden sind die kühleren Regionen zu finden. Das Klima im Innenbereich kann dann, ganz nach Wunsch durch das Öffnen von Tür oder Fenster zur jeweiligen Himmelsrichtung, frei gewählt werden.

Schlafbereich

Zusätzlich zum Stauraum im Fußboden, in der Treppe und in der Küche habe ich für die Kleidung noch zwei große Schubladen im Schlafbereich eingebaut. Die Schlafebene selbst habe ich an den zwei offenen Seiten noch durch eine Holzwand mit zwei fensterähnlichen Öffnungen vom Rest des Wohnraums abgetrennt, wodurch ein gemütlicher, geschützter Bereich entstand.

Im Schlafbereich gibt es noch ein Regal und zwei große Schubladen für Kleidung und Bettwäsche.

Für den Bereich um das Spülbecken haben wir alten Restfliesen neues Leben eingehaucht.

Küche

Rund um die Spüle in der Küche erweckte ich alte Fliesen zu neuem Leben. Mit dem Hammer schlug ich sie in kleine Teile und rundete die scharfen Bruchränder mit einer kleinen Flex ab. Die fertigen Mosaiksteinchen habe ich dann mit flexiblem Fliesenkleber direkt auf die Lärchenplatte geklebt.

Da Silikon fast immer Fungicide enthält, die in die Luft diffundieren und gesundheitsschädlich sein können, wagte ich ein Experiment: Die Ränder vom Mosaik zur Arbeitsplatte, die Fuge zwischen Wand und Platte und den Anschluss zum Spülbecken habe ich mit normalem Fugenmaterial gefüllt. Zwischen Wand und Platte hat sich mit der Zeit ein Riss gebildet, was eigentlich zu erwarten war. Alle anderen Stellen haben sich erstaunlicherweise bewährt.

BAD MIT TROCKEN-TRENN-TOILETTE

Das Bad mit einer Grundfläche von 1,5 auf 1,5 Meter fühlt sich erstaunlich geräumig an. In der Ecke gibt es ein kleines, rundes Waschbecken und direkt daran schließt die Dusche an, die sich mit einer faltbaren Glaswand von der Toilette abtrennen lässt.

Statt eines altmodischen WCs kommt bei uns eine moderne Trocken-Trenn-Toilette (TTT) zum Einsatz. So produzieren wir kein Schwarzwasser.

Am Anfang war ich etwas skeptisch, da ich in meiner Kindheit, im Haus meiner Großeltern, noch Erfahrungen mit einem sogenannten Plumpsklo machen durfte. Das war ein penetranter Geruch, der seine Spuren in meiner Erinnerung hinterlassen hat. Umso überraschter war ich, als ich feststellen durfte, dass eine TTT geruchsärmer ist als jedes WC. Der Urin geht direkt über einen Schlauch nach draußen in einen Kanister und das feste Material fällt in einen Behälter in der Toilette und wird mit einer Schaufel Sägemehl und Hobelspänen bedeckt. Dadurch, dass der Inhalt des Behälters trocken bleibt, entsteht keine Fäulnis und dadurch auch kein Ammoniak und kein Geruch. Es beginnt eine geruchsarme Fermentation. Mit einem Ventilator wird die Luft aus der Toilette abgesaugt und nach draußen geblasen. Dadurch wird gewährleistet, dass die Luft im gesamten Bad nie zu feucht wird und auch das letzte übelriechende Lüftchen seinen Weg nach draußen findet. Einmal in der Woche ist der Kanister für den Urin voll. Dann verdünne ich ihn mit Wasser und verwende ihn als hochwertigen Dünger für Pflanzen. Diese freuen sich unter anderem über das reichhaltige Angebot an Phosphat, Kalium und Stickstoff.

DER NÄHRSTOFFKREISLAUF DES OWNHOMES

Das ist wirklich scheiße!

Es erstaunt mich immer wieder, welch unnatürliches Verhältnis die meisten Menschen zu ihrer eigenen Natur haben, zu den Stoffen, die ihren Körper verlassen. Am liebsten möchten sie damit gar nichts zu tun haben. Das Thema ist fast so tabuisiert wie der Tod. Auf diesen Missstand machte bereits der Künstler Friedensreich Hundertwasser vor vielen Jahren mit seinem Manifest »Scheißkultur – Die heilige Scheiße« aufmerksam. In diesem lesenswerten Traktat schreibt er unter anderem: »Was aus uns herauskommt ist kein Abfall, sondern der Baustein der Welt.« Er verlangt, dass wir den Dingen, die unseren Körper verlassen, die gleiche Wertschätzung entgegenbringen sollten, wie den Dingen, die wir in unseren Körper aufnehmen.

Quelle
Hundertwasser, Friedensreich: Scheißkultur – Die heilige Scheiße, Manifest aus dem Jahr 1979

Die übliche Vorgehensweise ist jedoch ziemlich verrückt. Jeder Mensch erzeugt täglich etwa 1,4 Liter Urin. Das sind im Jahr 500 Liter. Dazu kommen ungefähr 60 kg festes Material. Diese 560 kg hochwertigen Dünger vermischen wir dann mit 13.000 Litern sauberem Trinkwasser und machen daraus eine schwer zu klärende Mischung – das sogenannte Schwarzwasser. Neben Fäkalien enthält dieses auch noch Chemikalien, Medikamentenrückstände und Mikroplastik. Selbst die modernsten Kläranlagen sind damit überfordert.

Friedensreich Huntertwasser
(Friedrich Stowasser)
war ein österreichischer Künstler, der sich stark für den Umweltschutz und menschengerechtes Wohnen einsetze. Er starb im Jahr 2000 im Alter von 71.

In unserem Dorf wird diese Brühe dann ca. 20 km weit bis zur nächsten Kläranlage gepumpt. Dort versucht man es unter enormem Energieeinsatz wieder sinnvoll zu trennen, um das Restmaterial anschließend zu trocknen. Dieses wird dann noch mal 20 km weit bis zu einem großen Betonwerk transportiert und dort als Ersatzbrennstoff entsorgt. Das Betonwerk darf wiederum alles, was brennbar ist, als Brennstoff verwenden. Wenn die Abgaswerte aufgrund der Materialbeschaffenheit zu hoch sind, bekommt es eine sogenannte Ausnahmegenehmigung.

Von all den Nährstoffen, die wir bei der Ernte unserer Nahrungsmittel aus der Erde nehmen, geben wir keine zurück. Wir verbrennen sie einfach. Der lebendige Kreislauf ist an dieser Stelle zerrissen. Stattdessen roden wir Regenwald und laugen anschließend den gewonnen Boden aus, um Futter für die Massentierhaltung bei uns zu produzieren. Die Nährstoffe, die dadurch bei uns anfallen, sind natürlich viel zu viele. Wir überdüngen mit der Gülle unsere Felder und verunreinigen unser Grundwasser. Und wo eine natürliche Düngung nicht den gewünschten Ertrag bringt, kommt Kunstdünger zum Einsatz, der letztlich dazu führt, dass man sich von diversen Folgechemikalien, wie z.B. Herbiziden, Fungiziden etc., abhängig macht. Mit natürlichen Kreisläufen hat das absolut nichts zu tun!

EXKURS

TADELAKT

Das Element des Bades ist das Wasser. Wellen und Rundungen – Formen, die dem Wesen des Wassers entsprechen – sind daher das Hauptgestaltungsmerkmal dieses Raumes.

In der Bauphase meinte eine Besucherin, dass Tadelakt doch der ideale Putz für unser kleines Bad wäre. Ich hatte schon öfter von dieser Technik, die ursprünglich aus Nordafrika kommt, gehört und wollte schon immer mal damit arbeiten. Das war nun die Gelegenheit. Ich habe mir ein Buch von Gert Ziesemann darüber gekauft, ein paar Filme auf YouTube dazu angesehen und dann an einem Samstagmorgen einfach losgelegt: erste Putzschicht, zweite Putzschicht, mit der Kunststoffkelle geglättet und dann mit einem Quarzstein in kreisenden Bewegungen die Oberfläche verdichtet. Stundenlang kleine, kreisende Bewegungen vor der Wand – viel Zeit für kreisende Gedanken und ein vollwertiger Ersatz für manche Therapiestunde. Nachdem ich die komplette Fläche mit dem Stein verdichtet hatte, sprühte ich flüssige, mit Wasser verdünnte Olivenseife auf die Oberfläche und dann ging es mit den kreisenden Bewegungen wieder von vorne los. Danach wiederholte ich das Prozedere. Am Abend war ich müde, ausgeglichen, zufrieden und die Wand strahlte mir mit einer glänzenden Oberfläche entgegen.

Literaturhinweis
Ziesemann, Gert/Krampfer, Martin: Tadelakt, Kreidezeit Naturfarben, Lamspringe, 2007

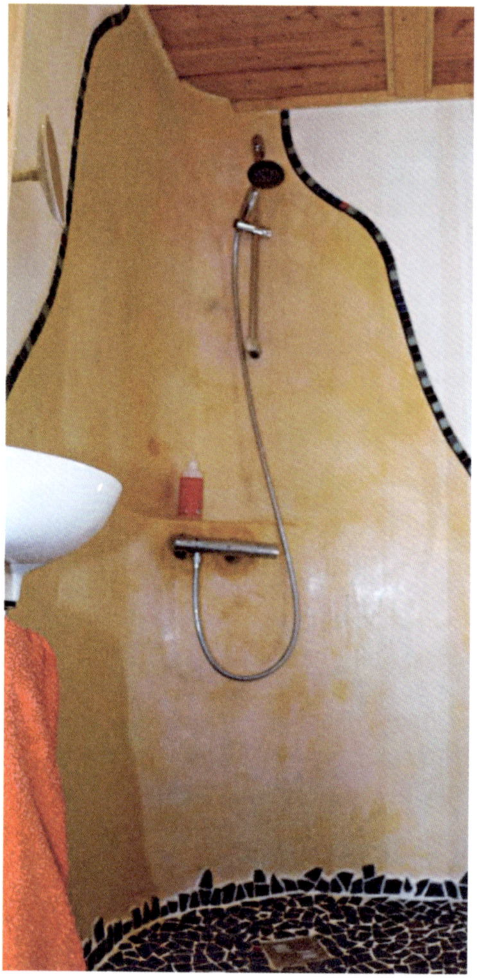

Der begehbare Duschbereich ist mit Tadelakt verputzt und mit einer faltbaren Glaswand abgetrennt.

Tadelakt zu verarbeiten ist eine Beschäftigungstherapie mit Suchtpotential und macht große Freude, ganz abgesehen von der faszinierenden Oberfläche, die dabei entsteht.

Es ist eine Handwerkskunst, die in diesem Stil kaum mehr umgesetzt wird, da sie den Anforderungen der modernen Baukultur nicht gerecht wird: Handarbeit, die viel Zeit in Anspruch nimmt und sich nicht automatisieren lässt, ist unrentabel. Selbst ein geübter Handwerker schafft an einem Tag nicht mehr als zwei bis drei Quadratmeter! Gut also, dass die Fläche, die in unserem Bad vor Wasser geschützt werden muss, relativ klein ist.

TADELAKT VERDANKT SEINE WASSER- UND SCHMUTZABWEISENDEN EIGENSCHAFTEN DER ENTSTEHUNG VON KALKSEIFE.

DIE CALCIUMIONEN DES PUTZES FALLEN BEI KONTAKT MIT DEM SEIFENWASSER ALS WASSER-UNLÖSLICHE FLOCKEN AUS.

DIESE WERDEN MIT DEM POLIERSTEIN IN DIE VERBLIEBENEN OFFENEN POREN DES KALK-PUTZES EINGEARBEITET UND BILDEN DIE WASSERDICHTE, ABER ATMUNGSAKTIVE OBERSTE SCHICHT DES TADELAKTS.

DER AUSSENBEREICH

Das Eindrehen der Schraubfundamente wurde mit einem langen Hebel zu einem Kinderspiel.

Eine einfache Holzkonstruktion ist die Basis für die Aluminiumprofile, auf denen die ETFE-Folie aufgespannt ist.

Der Folienanbau

An die Südwand des Hauses bauten wir einen Folien-Wintergarten. Hier wollte ich im Frühjahr Jungpflanzen anziehen und empfindlichere Gemüsesorten wie Tomaten, Gurken oder Paprika kultivieren. Wenn im Winter die Sonne schien, sollte außerdem ein Teil des Wärmebedarfs über das Gewächshaus gedeckt werden. Auch ein Testbereich für ein aquaponisches System war angedacht.

Das war eine gute Möglichkeit, um Schraubfundamente zu testen. Große Schrauben, die in die Erde gedreht werden und zu einem späteren Zeitpunkt wieder spurlos entfernt werden können. Ich bestellte 12 dieser Schrauben, die mit einem »U« nach oben abschlossen. Dadurch kann man sie ohne ein spezielles Werkzeug, einfach mit Hilfe eines langen Balkens, in die Erde drehen. Das war sozusagen ein Kinderspiel und dementsprechend konnten mich meine zwei Enkelkinder dabei unterstützen.

Auf die Schraubfundamente legte ich dann die Unterkonstruktion aus Balken, um auf diesen später den abschließenden Holzbelag aus Douglasie zu verschrauben.

Ein guter Freund von mir arbeitet eng mit der Firma »Asahi Glass« aus Japan zusammen. Sie sind die Hersteller einer Fluorpolymere-Folie aus ETFE. Das ist ein transparenter Kunststoff mit besonderen Eigenschaften: Die Folie ist lichtdurchlässiger als Glas, mehrere Jahrzehnte UV-beständig, unglaublich dünn und dadurch auch leicht und nahezu unzerstörbar – das ideale Material, um unseren transparenten Anbau zu verwirklichen. Befestigt wird sie mit einem speziellen Aluminiumprofil, das durch die Abdeckung mit einem zweiten U-förmigen Profil gleichzeitig das Spannen der Folie ermöglicht. Die Folie, die noch weitgehend unbekannt ist, wird oft bei außergewöhnlichen Formen in der modernen Architektur verwendet. Eines der bekanntesten Gebäude ist die Allianz-Arena vom FC Bayern München.

AQUAPONIK

Neue Begegnung, neue Idee

Dass man mit Wissen auch freigiebig umgehen kann, lernte ich von meinem Freund Franz Schreier. Wir begegneten uns auf der bekannten Solarmesse »Intersolar« in München zum ersten Mal. Ich stellte damals mit unserer Firma Parabolrinnen für konzentrierende Solarthermie aus und Franz kam als Besucher mit mir ins Gespräch. Es stellte sich heraus, dass er in diesem Bereich schon viele Versuche unternommen hatte und wir entdeckten in unserem ersten Gespräch etliche Gemeinsamkeiten, sodass wir schließlich die Adressen austauschten, um uns nach der Messe wiederzusehen.

Wenige Wochen später war es dann so weit. Franz stand vor unserer Firma und hatte den Kofferraum voll mit den unterschiedlichsten Objekten. Nachdem er sich unsere Räumlichkeiten angesehen hatte, begann er von seinen unterschiedlichen Projekten zu erzählen. Es war von Anfang an eine sehr vertraute und offene Atmosphäre, in der er von Erfolgen und Fehlschlägen berichtete. Kein Wort über Geheimhaltungsvereinbarung oder Patentrechte. Das kannte ich aus der mir vertrauten Branche so nicht. Bevor hier Wissen ausgetauscht wird, versucht man, sich nach allen Richtungen abzusichern und gibt dann nur das preis, was unbedingt nötig ist. Ganz anders mit Franz, der als brillanter Physiker ein unglaubliches theoretisches Wissen hat und gleichzeitig mit beiden Händen und einer guten Portion Kreativität die Welt direkt und konkret mitgestaltet. Seine Erfahrungen und sein Wissen stellt er der Welt und seinen Freunden fast bedingungslos zur Verfügung. Dadurch wurde er ein großes Vorbild für mich.

Sein Wissen und sein Können versucht er immer fokussierter für eine gesunde Lebensmittelproduktion einzusetzen. Nachdem er sich in eine insolvente Gärtnerei eingekauft hatte, durchlief er eine Metamorphose und verwandelte sich vom brillanten Physiker zum begeisterten Gärtner. Seit wir uns kennen, haben wir schon viele gemeinsame Projekte umgesetzt und der konstruktive, interdisziplinäre Austausch ist für uns beide eine große Bereicherung.

Eines seiner Spezialgebiete wurden aquaponische Systeme. Damit inspirierte er uns, diese Technologie in unserem Folienhaus auszuprobieren. Zu einem guten Leben gehört auf jeden Fall eine gute Ernährung und die beste Ernährung ist die aus dem eigenen Garten oder aus dem eigenen Gewächshaus.

Viele Pflanzen, ein Teich und eine Bank – der Wintergarten ist eine echte Wellnessoase.

Durch einen Unterdruck wird das Wasser in der Kuppel gehalten, so dass die Fische sich die Umgebung über der Wasseroberfläche ansehen können.

In den weißen Profilen werden die Pflanzen, von Vlies gehalten, vertikal kultiviert. Das nährstoffreiche Wasser rieselt an den Wurzeln vorbei und fördert ihr Wachstum.

SO FUNKTIONIERT AQUAPONIK

IM FISCHBECKEN SAMMELN SICH VERSCHIEDENE PROTEINHALTIGE ABFALLPRODUKTE WIE ZUM BEISPIEL HARNSTOFF UND KOT DER FISCHE SOWIE FUTTERRESTE. DIESE ABFALLPRODUKTE WERDEN VON BAKTERIEN, DIE IM BECKEN LEBEN, IN AMMONIUM (NH_4^+) UND ZU GERINGEN TEILEN IN AMMONIAK (NH_3) UMGEWANDELT.
WENN DAS WASSER AUS DEM BECKEN ÜBER DEN BIOFILTER ZU DEN PFLANZEN GELEITET WIRD, WANDELN AUF DEM FILTER ANGESIEDELTE BAKTERIEN AMMONIUM UND AMMONIAK IM ERSTEN SCHRITT ZU NITRIT (NO_2^-) UND IM ZWEITEN SCHRITT ZU NITRAT (NO_3^-) UM.
DAS JETZT VERFÜGBARE NITRAT WIRD VON DEN PFLANZEN ALS NÄHRSTOFF AUFGENOMMEN.

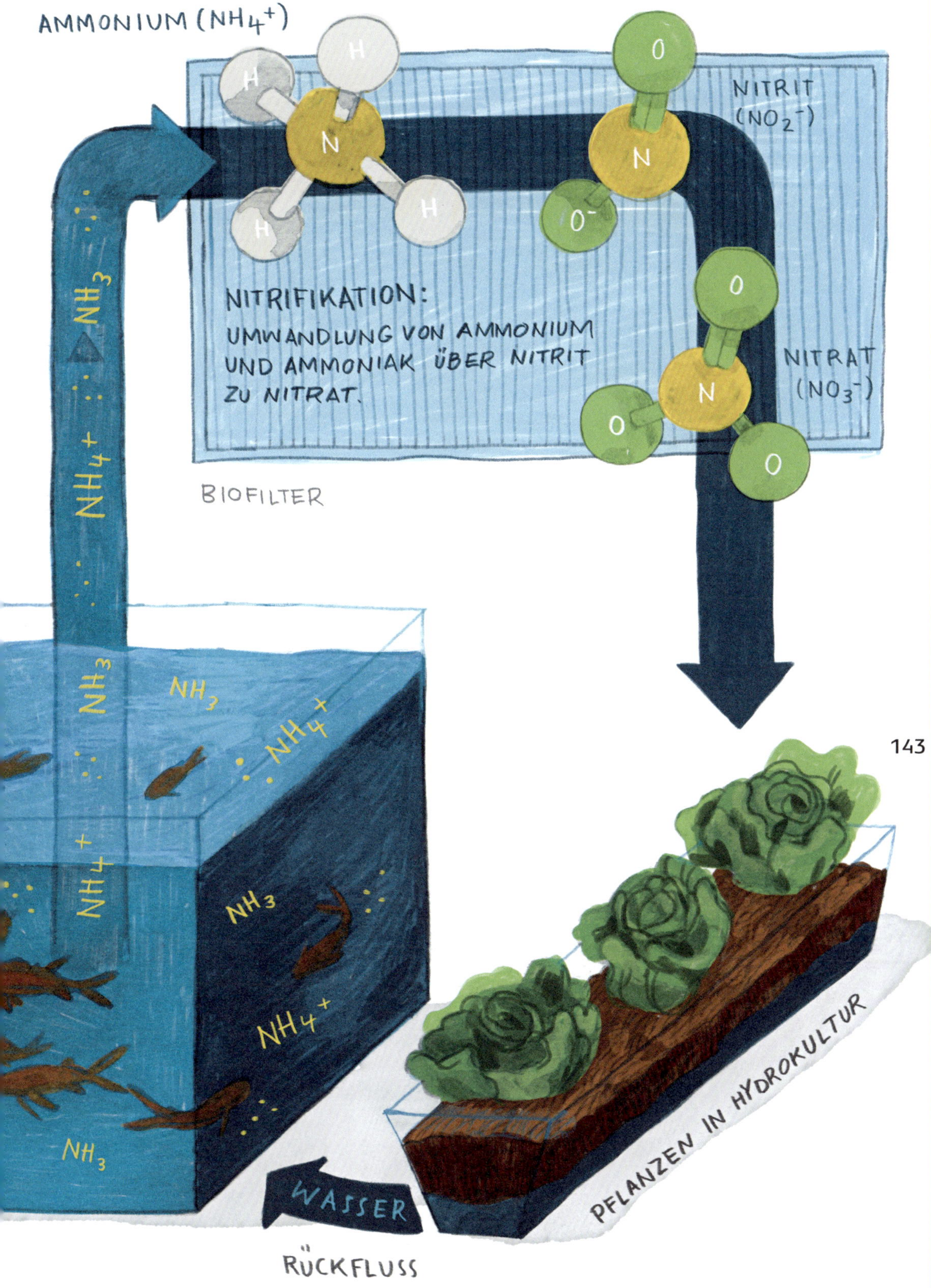
AMMONIUM (NH_4^+)
NITRIT (NO_2^-)
NITRIFIKATION:
UMWANDLUNG VON AMMONIUM UND AMMONIAK ÜBER NITRIT ZU NITRAT.
NITRAT (NO_3^-)
BIOFILTER
NH_3
NH_4^+
PFLANZEN IN HYDROKULTUR
WASSER
RÜCKFLUSS

Ein zerbrechliches System

Aquaponik ist das Zusammenwirken von Fischen und Pflanzen. Die Fische erzeugen mit ihrem Kot Nährstoffe für Pflanzen und diese reinigen wiederum das Wasser der Fische, indem sie ihm die Nährstoffe entziehen. So unterstützen und ergänzen sich die beiden Systeme in einem permanenten Kreislauf.

Da ich als Vegetarier weder Fische essen noch schlachten möchte, machten wir das Experiment mit Koikarpfen und Goldfischen. Das Wasser aus dem Fischbecken im Folienanbau hatte einen Überlauf zu einem benachbarten IBC-Behälter, in dem es grob gereinigt wurde. In dem Behälter waren Bakterien angesiedelt, die das Ammonium in Nitrit und Nitrat verwandelten, wodurch die Nährstoffe für die Pflanzen verfügbar wurden. Aus diesem Becken pumpten wir das Wasser hoch in unsere vertikalen Wachstumssysteme. Das waren senkrechte Kunststoffschienen, in denen in einem Vlies die Pflanzenwurzeln eingeklemmt wurden. Das Wasser rieselte von oben durch das Vlies nach unten, an den Pflanzenwurzeln vorbei, die sich die Nährstoffe herausholten. Von den meisten Nährstoffen befreit, lief das so gereinigte Wasser wieder in das Fischbecken.

IBC Behälter
Intermediate Bulk Container lassen sich als Tankcontainer bzw. Wassercontainer beschreiben. Sie werden neben dem Transport auch für die Lagerung flüssiger Substanzen eingesetzt und dienen sogar als Gefahrengutverpackung. IBC-Behälter stellen eine praktische Alternative zu Transportmitteln wie Fässern oder Tankzügen dar und existieren in verschiedenen Materialien.

Die Fische bekamen noch eine Wasserkugel mit besonderem Ausblick. Diese konnten sie nach Lust und Laune besuchen.

Über mehrere Monate entwickelten sich die beiden Reiche, Fische und Pflanzen, sehr gut. Das änderte sich ganz schnell, als Maltrino, der das System federführend mitgestaltet hatte, unsere Aquaponik-Anlage im Sinne des Erfinders betreiben wollte, um nicht nur pflanzlichen Ertrag zu bekommen, sondern auch Speisefische. Eines Tages kam er also zu mir und meinte: »Klemens, ich möchte auch mal einen Fisch aus dem System essen. Ich bring am Wochenende ein paar kleine Spiegelkarpfen mit.«

Einen Tag nach dem Einsetzen der Spiegelkarpfen schwamm der erste Fisch sterbend an der Oberfläche. Alle Rettungsversuche waren vergeblich. Durch die Spiegelkarpfen kam ein Bakterium ins System, durch das die Fische, trotz ausreichender Sauerstoffsättigung im Wasser, erstickten. Auch eine Tierärztin, die auf Fische spezialisiert war, konnte das Fiasko nicht stoppen. Es war unglaublich traurig, hilflos zusehen zu müssen, wie ein Fisch nach dem anderen starb. Am Ende blieb ein einziger, wahrscheinlich schwer traumatisierter, Goldfisch übrig. Die Moral von der Geschicht: Jede Änderung an einem funktionierenden System will gut überlegt sein.

Die großzügige Terrasse erstreckt sich vom Osten über den Norden bis fast in den Westen.

Windfang, Terrasse, Folienbau – überall Baustellen

Terrasse, Schaltschrank und Windfang

Auf kleinem Raum zu leben, heißt nicht, dass sich dadurch die Lebensqualität verringern muss. Im Gegenteil: Schon in der Planungsphase war mir klar, dass ich mir den Luxus einer umlaufenden Terasse von Südosten bis Nordwesten gönnen wollte.

Im Osten hat das Dach einen Überstand von 1,5 Metern und schützt dadurch die Terrasse darunter vor Regen und Schnee. Scherzhaft sagte ich, dass ich so bei Sonnenaufgang meinen Espresso im Osten auf der Terrasse trinken kann, um später am Abend, im Westen, bei Sonnenuntergang ein Glas Rotwein zu trinken. Zwischendurch würde ich einfach das Leben genießen. Das hört sich doch nicht nach asketischem Verzicht an, oder? Die Terrasse selbst hat kein Fundament. Unter der tragenden Konstruktion liegen Steine und dazwischen sind höhenverstellbare Kunststoffteller, so dass sich bei einer Veränderung des Untergrundes die Höhe nachjustieren lässt. Am ersten Abend, als ich die Terrasse fertig gebaut hatte, schmeckte das Glas Rotwein besonders gut.

Anfangs hatten wir den Schaltschrank für unsere Elektrik im Haus platziert. Schon nach wenigen Tagen, als klar war, dass es keine kälteempfindlichen Komponenten darin geben würde und er genauso gut im Außenbereich angebracht werden könnte, planten wir um. Er befindet sich jetzt rechts neben der Eingangstür genau unter den Ladereglern. Da wir ihn aber vor direktem Regen schützen wollten, kam uns die Idee, nicht nur den Schaltschrank, sondern den ganzen Eingangsbereich der Terrasse zu einem geschützten Raum umzubauen. Folie hatten wir noch und so gab es nach wenigen Tagen einen Windfang im Norden des Hauses, der sich bis heute enorm bewährt hat. Hier kann man auch bei Regen die Schuhe ausziehen, ohne nasse Füße zu bekommen. Gleichzeitig ist Platz für die Winterkleidung, die man dort aus- und anziehen kann, ohne direkt dem Wetter ausgesetzt zu sein.

LEBEN IM
OWNHOME

DAS OWNHOME IST NICHT NUR EIN ETWAS KLEINERES HAUS, SONDERN VOR ALLEM AUSDRUCK EINER LEBENSEINSTELLUNG BZW. LEBENSWEISE.
MEHR FREIHEIT BEDEUTET MEHR EIGENVERANTWORTUNG. UND SO SIEHT DER ALLTAG AUF ENGSTEM RAUM, EINGEBETTET IN KREISLÄUFE, GANZ ANDERS AUS, ALS WIR ES GEWOHNT SIND. OFT BRAUCHT ES NUR EINEN PERSPEKTIVWECHSEL, UM EIN ÄRGERNIS IN ETWAS SCHÖNES UND BEREICHERNDES ZU VERWANDELN.

Zeit, um Kraft und Inspiration zu tanken, wenige Dinge, die man aber wirklich braucht und Lebensmittel aus eigenem Anbau – der Alltag im ownhome birgt neue Erfahrungen und Herausforderungen.

MEIN NEUER ALLTAG

Reduktion auf das Wesentliche

Im Herbst 2017 konnte ich in mein neues Zuhause einziehen. Ich war davon überzeugt, dass der vorhandene Stauraum mehr als ausreichend für die Gegenstände war, die mich durchs Leben begleiteten. Zu Beginn des ownhome-Projekts ging ich deshalb mit meiner älteren Schwester eine Wette ein: Ich behauptete, dass ich nicht mehr als 200 Gegenstände für mein tägliches Leben benötigen würde, sie wettete dagegen. Als ich dann einzog, nahm ich tatsächlich sogar etwas weniger als 200 Gegenstände mit. Im Durchschnitt besitzt jeder deutsche Bürger ca. 10.000 Dinge. Fairerweise muss ich sagen, dass mein Werkzeug in der Gemeinschaftswerkstatt ausgelagert ist und dass die Grenzen schwimmend sind. Das heißt, dass es vorkommen kann, dass ich durch Geschenke Zuwachs bekomme und dadurch auch vorübergehend bei über 200 lande, bis ich bei einer passenden Gelegenheit wieder reduziere.

Durch die übersichtliche Anzahl an Dingen habe ich zu jedem meiner Begleiter eine fast freundschaftliche Beziehung. Wir sind sozusagen ein gutes Team. Egal ob zu Menschen oder zu Gegenständen, Beziehungen benötigen Energie und sie schenken Energie.

Da unsere Energie ein begrenztes Gut ist, können wir nur zu einer bestimmten Anzahl von Gegenständen eine persönliche Beziehung aufbauen.

Mit zu vielen Dingen sind wir schlichtweg überfordert, was sich weder auf unser Wohlbefinden noch auf ein »gutes Leben« förderlich auswirkt.

Ein Nachteil vom Leben auf 18 m² Grundfläche ist, dass man schon mit wenig Dingen, die man nicht sofort nach ihrem Gebrauch wieder aufräumt, optisch ein ziemliches Chaos schafft. Auf der anderen Seite ist die Wohlfühlordnung bei so wenig Wohnfläche auch schnell wiederhergestellt.

Mit der Zeit entwickelt man Routinen und Ordnungssysteme, die den neuen Platzverhältnissen angepasst sind. Aber natürlich braucht es eine kleine Eingewöhnungsphase.

Aktiver Teil von Kreisläufen

Wenn ich das Leben im ownhome in einem Satz beschreiben müsste, würde ich sagen: »Lebendiges Leben in erlebbaren Kreisläufen«. Das trifft es vielleicht am ehesten. Es ist einfach ein unbeschreibliches Gefühl, beim Öffnen des Wasserhahns zu wissen, dass ich kein Wasser verbrauche, dass ich mit bestem Gewissen lange Duschen kann und genau weiß, dass ich das gleiche Wasser am nächsten Tag wieder zur Verfügung haben werde. Ich verbrauche kein Wasser, ich gebrauche es nur.

Ähnlich ist das Gefühl, wenn ich mir bewusst mache, dass die Energie, mit der ich gerade hier am Laptop schreibe, direkt von der Sonne kommt, die auf mein Dach scheint. Es braucht keine langen Umwege vom Erzeuger bis zu mir. Das verringert die Energieverluste und spart Rohstoffe für die Versorgungsinfrastruktur.

Übersichtliche und erlebbare Kreisläufe wirken sich spürbar auf die Lebensqualität aus! Seit dem ersten Tag im ownhome haben sich meine Synapsen im Gehirn neu verschaltet. Ich achte ganz anders darauf, wie ich mein Geschirr spüle und was ich in den Abfluss schütte. Schließlich weiß ich genau, dass ich alles irgendwo wiederfinde. Entweder im Abflusssieb, oder wenn ich das Edelstahlsieb reinige, das am Einlauf des Grauwassertanks platziert ist. Ich erlebe die Konsequenzen meines Handelns sehr direkt. Spätestens, wenn ich sehen würde, dass es meinen Pflanzen in der Pflanzenkläranlage schlecht geht, sollte ich mir wirklich Gedanken über meine Wasserqualität machen. Dies war bisher glücklicherweise noch nie der Fall. Sie scheinen ihr Leben ähnlich zu genießen, wie ich meines. Sie wachsen kräftig und blühen in den allerschönsten Farben.

Teilen

Eine ernst gemeinte Frage von vielen Besuchern ist, wie sich der Fußboden sauber halten lässt. Vor allem die Fugen zwischen den einzelnen Platten bereiten vielen offenbar Bauchschmerzen. Nach nun vier Jahren Erfahrung kann ich sagen, dass es sehr unproblematisch ist. Die meisten Brösel lassen sich einfach über die Fugen hinwegfegen, manche verschwinden auch darin.

Mit dem Haupthaus hab ich Staubsauger-Sharing. Einmal in der Woche leihe ich mir den Akkustaubsauger, hebe die einzelnen Platten hoch und sauge alles raus, was sich zwischen den Fugen versteckt hat. Es ist erstaunlich wenig und damit kann ich gut leben. Zum Ausgleich holen alle Bewohner unserer kleinen Gemeinschaft ihr Trinkwasser bei mir. Ist schon eine tolle

Sache, die eigene »Quelle« im Haus zu haben. Das Trinkwasser nach der Umkehrosmose-Anlage ist sauberer als das Trinkwasser in unserem Leitungsnetz und allemal besser, als jedes Wasser aus dem Getränkemarkt.

Wenn man bei dem Wassergeschäft hinter die Kulissen schaut, stellt man fest, dass Mineralwasser viel weniger kontrolliert wird, als unser Trinkwasser. Das muss nicht heißen, dass es schmutzig ist, aber die Geschäftsmethoden der Konzerne, die das Mineralwasser verkaufen und damit riesige Gewinne einfahren, sind mit Sicherheit weniger sauber. Da sind rücksichtslose Globalplayer wie Nestlé und Coca-Cola am Werk. Es lohnt also, sich eine eigene Wasserversorgung aufzubauen.

Energiehaushalt

Wenn es um Energie geht, ist vollkommen klar, dass ich eine sehr enge und persönliche Beziehung zu all meinen Verbrauchern habe. Ich kenne von jedem aufs Watt genau den Verbrauch. Über die vielen Monate habe ich ein gutes Gefühl dafür bekommen, wie viel Energie ich, je nach Wettersituation, in meinen Batterien bevorratet habe. Natürlich kann ich das auch auf einer elektronischen Anzeige ablesen.

Ursprünglich wollte ich die überschüssige Energie im Sommer dazu verwenden, das Wasser in meinem Badeofen aufzuwärmen. Das habe ich bis jetzt noch nicht gemacht. Letzten Sommer habe ich mein Duschwasser durch eine kleine Sinnestäuschung so weit erwärmt, dass ich sehr zufrieden damit war. Es gibt ja immer mehrere Möglichkeiten Situationen zu verändern.

Wenn mich in der Welt etwas stört, dann kann ich versuchen, sie zu verändern, oder ich kann mich verändern und dadurch die Welt anders erleben.

Wenn also im Sommer die Raumtemperatur um die 25° C beträgt, habe ich natürlich keine Lust, den Badeofen anzufeuern. Das heißt, dass ich beim Duschen maximal 25° Grad warmes Wasser zur Verfügung habe. Das fühlt sich alles andere als warm an. Wenn ich dann aber die Armatur auf kalt drehe und das Wasser mit 12° direkt aus dem Erdtank kommt, dann ist das ein ganz anderes Erlebnis. Anschließend schnell auf warm gedreht und schon fühlen sich die 25° C richtig angenehm an. Wie war das? Wir erleben die Welt nicht so, wie sie ist, wir erleben die Welt so, wie wir sind.

Helfer nicht vergessen!

Bisher bediene ich den Schalter für die Grauwasserpumpe, die das Wasser vom Grauwassertank in die Pflanzenkläranlage pumpt, noch per Hand. Meist lasse ich die Pumpe nach dem Frühstück ungefähr eine Viertelstunde laufen. Die Pflanzen freuen sich und ich habe wieder ausreichend Brauchwasser bis zum nächsten Morgen. Das klappt in der Regel völlig problemlos. Aber eben nur in der Regel.

Wenn genau in dem Moment, in dem die Pumpe läuft, jemand vorbei kommt und mir etwas zeigen will, kann es vorkommen, dass ich spontan mitkomme und nicht mehr daran denke, die Pumpe auszuschalten. Einmal kam ich tatsächlich erst am nächsten Morgen zurück. Kaum war ich im ownhome, habe ich mich über ein ungewohntes Geräusch gewundert. Es hat nicht lange gedauert, bis ich den Verursacher gefunden hatte: Die Grauwasserpumpe, die seit fast 24 Stunden ununterbrochen lief. Wahrscheinlich hatte sie schon nach einer Stunde den Tank leer gepumpt und war seitdem trocken gelaufen. Ich schaltete sie sofort aus und war mir ziemlich sicher, dass sie das nicht überlebt hatte. Nachdem sich wieder ausreichend Wasser im Grauwassertank angesammelt hatte, startete ich die Pumpe. Sie lief zwar, aber saugte kein Wasser an. Meine Vermutung schien sich zu bestätigen: Wenn die Pumpe einmal trocken gelaufen ist, hat sie es schwer, das Wasser erneut anzusaugen. Einen Versuch wollte ich aber noch unternehmen. Ich stellte einen Eimer Wasser direkt neben die Pumpe, löste den Ansaugschlauch, der zum Tank führt, und legte ihn direkt in den Eimer. So konnte sich die Pumpe auf kürzestem Weg neu mit Wasser füllen und in den Ansaugmodus starten. Ich schaltete die Pumpe erneut ein und nach wenigen Sekunden saugte sie das Wasser aus dem Eimer an. Das machte Hoffnung. Ich verband den Schlauch wieder mit der Tankleitung und seitdem pumpt die Grauwasserpumpe wieder in gewohnter Manier, als wäre nie etwas gewesen.

Menschen machen Fehler. Und wenn die Wasserversorgung von einem selbst abhängt, lohnt es sich, in robuste Technik zu investieren!

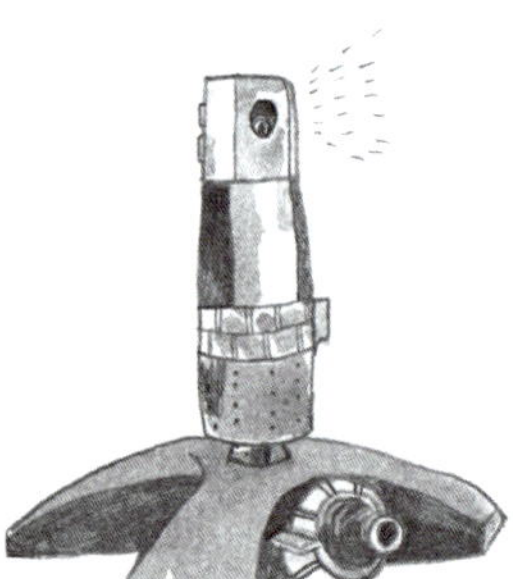

RASENSPRENGER

Schnee auf dem ownhome

Durch die gemütliche Wärme des Badeofens hatten eisige Temperaturen ihren Schrecken verloren. Aber es gab noch andere, winterliche Herausforderungen. Wenn es bei niedrigen Temperaturen schneite, bestand die Gefahr, dass der Schnee auf den Photovoltaikmodulen liegen blieb. Das geht natürlich gar nicht, da dadurch meine Energieversorgung lahmgelegt wird.

Den Sprenger positionierten wir zent-
riert oberhalb der Module.

angsam, aber sicher ließ der
arme Regen den Schnee
chmelzen.

Am Hahn in der Küche zapfte ich das warme Wasser ab.

An solchen Tagen stieg ich auf die Leiter und befreite die Module mit einer langen Aluminiumstange, an deren Ende eine Gummilippe zum Fensterreinigen angebracht war, von der Schneedecke. Das kam zwar nicht oft vor, aber es motivierte mich, nach einer bequemeren Lösung zu suchen.

Ich ging in den Baumarkt und kaufte mir einen Rasensprenger. Diesen schraubte ich auf eine Holzdiele, die ich vorher so abgelängt hatte, dass wir sie oberhalb der Photovoltaikmodule auf dem Dach positionieren konnten. Den Schlauch zum Sprinkler verlegte ich unterhalb der Module, so dass er neben dem Küchenfenster am Fallrohr der Dachrinne herunterkam. Das Experiment konnte starten. Fehlte nur noch der Schnee.

Eines Morgens lagen dann ca. 4 cm Schnee auf den Modulen. Über das gekippte Küchenfenster verlegte ich den Schlauch nach drinnen und schloss das Ende direkt am Wasserhahn der Spüle an. Dann öffnete ich den Wasserhahn und ich konnte hören, dass der Rasensprenger loslegte. Anfangs stellte ich den Hahn auf lauwarm, doch schon nach wenigen Minuten drehte ich ihn auf heiß, sodass das Wasser mit ca. 60° C über die Module verteilt wurde. Nach etwa einer Viertelstunde zeichneten sich die Spuren des Wasserverlaufs deutlich auf den Modulen ab. Es funktionierte gut, aber es dauerte viel länger, als ich gehofft hatte. Nach fast einer Stunde war nicht mehr viel vom Schnee übrig, aber der Sprenger versagte seine Dienste. Fünf Minuten später wusste ich, dass es nicht an ihm lag. Die Pumpe lief zwar noch, aber sie förderte kein Wasser mehr. Der Tank war leer. Ich hatte nicht daran gedacht, dass das Wasser zwar zum größten Teil von der Dachrinne aufgefangen wird, aber anschließend im Regenwassertank landet und nicht im Brauchwassertank. Im Regenwassertank bleibt es so lange, bis durch die Verdunstung und den Verzehr das Wasser im Kreislaufsystem so wenig wird, dass ich die dritte Pumpe einschalte und vom Regenwassertank frisches Wasser ins System pumpe. Durch den zusätzlichen Verlust über den Sprinkler musste ich jetzt erst einmal umpumpen, bevor ich das Experiment zu Ende führen konnte.

Sicherheitshalber warf ich noch einen Blick auf die Batteriespannung. Morgens wurden die Batterien ja noch nicht geladen, da das Licht aufgrund des Schneebelags nicht bis zu den Modulen vordringen konnte. Beruhigt stellte ich fest, dass die Batterien bereits wieder nachgeladen wurden. Abschließend konnte ich das automatisierte Schneeschmelzsystem als erfolgreich bezeichnen und ich erfuhr dabei einmal mehr, wie die unterschiedlichen Systeme, Strom und Wasser, ineinandergreifen.

MEHR RAUM FÜR FREIHEIT

Der erste Teil meines Weges führte mich zu einem »guten Leben« bei sehr geringem Ressourcen- und Energieverbrauch und Schritt für Schritt zum ownhome.

Jetzt, nach drei Jahren ownhome-Leben, kann ich sagen, dass der Weg noch nicht zu Ende ist. Das ownhome war nur ein erster Schritt in die richtige Richtung. Dieses Haus ist ein Schmelztiegel kreativer und konstruktiver Energie, die ich nutzen möchte, um weiter zu mehr Unabhängigkeit und Selbstbestimmung zu kommen. Das ownhome ist lediglich ein Ermöglicher. Durch das Leben im ownhome hat sich mein Blick auf neue Lebensbereiche geöffnet, die eng mit einem selbstbestimmten Leben verbunden sind.

Finanzielle Unabhängigkeit

Wegen der niedrigen Lebenshaltungskosten im ownhome ist es nicht notwendig, Unmengen wertvoller Lebenszeit für das Verdienen von Geld einzusetzen. Im Schnitt entstehen etwa folgende monatliche Kosten für den Lebensunterhalt und die Instandhaltung:

Biologische Lebensmittel aus Bioläden und solidarischer Landwirtschaft	200 €
Kleidung (besitze ich ausreichend, bekomme ich geschenkt oder secondhand)	30 €
Mobilität (Zugfahrten, Carsharing)	50 €
Bücher, Gastronomie	50 €
Pacht für das Grundstück gegen Arbeitsleistung	0 €
Strom fallen bisher keine Kosten an	0 €
Wartung der Wassertechnik (Erneuerung des Schwebstofffilters, der UV-Lampe und des Vorfilters der Osmose-Anlage)	25 €
Versicherungen besitze ich mit Ausnahme der Kranken- und Sozialversicherungen keine	500 €
Spenden, Verschenken, Unterstützen	50 €
Werkzeuge	30 €
Mobiltelefon (prepaid)	10 €
Verbrauchsartikel und Friseur	35 €
Lebenshaltungskosten gesamt	**980 €**

Mit wenigen Stunden einer sinnvollen Tätigkeit kann man sich seinen Lebensunterhalt verdienen und die übrige Zeit kann man sich dann auf die wirklich wichtigen Dinge im Leben konzentrieren: Spaß am Leben haben, Zeit mit Freunden und der Familie verbringen, seinen Hobbys nachgehen, Ideen und Konzepte für eine bessere Welt entwickeln, für Subsistenz, für das Gemeinwohl, für Muße, kurzum: für das, was einem wirklich Freude bereitet.

Durch das Leben im ownhome entstehen Freiräume für neue Gedanken und Ideen. Räume, in denen sich die Wahrnehmung verändern kann.

Die Welt in uns und um uns kann sich verändern, wenn wir sie von unseren Interpretationen, Erwartungen und Dogmen befreien und sie mit neuen Augen sehen.

Diese Freiräume sind nicht nur Nährboden für neue Perspektiven, sondern liefern letztlich auch die Energie, die Dinge wirklich anzupacken!

Kurz zusammengefasst lässt sich sagen, dass das Leben im ownhome eine nicht endende, abenteuerliche Reise der Selbsterkenntnis und der Welterkenntnis ist.

Das Gefühl von Unabhängigkeit verändert sich

Immer wieder werde ich von Besuchern gefragt, ob es nicht ein komisches Gefühl ist in allen Bereichen davon abhängig zu sein, dass die eingebaute Technik funktioniert. Was mache ich, wenn etwas ausfällt?

Darüber muss ich dann schmunzeln. Menschen, die sorglos in einer Welt leben, deren undurchschaubares und komplexes Versorgungssystem an einem seidenen Faden hängt, machen sich Gedanken über die Sicherheit meines robusten und einfachen Systems.

Vor zwei Generationen, zur Zeit meiner Großeltern, mussten die Menschen einen großen Teil der Lebensmittel selbst anbauen, sie mussten im Wald Holz schlagen, um im Winter eine warme Stube zu haben. Das war in vielerlei Hinsicht ein mühevolles Leben. Wie froh war meine Mutter, als wir in die Stadt zogen und es plötzlich möglich war, fast alle Dinge für das tägliche Leben im Supermarkt zu kaufen. Heute ist es tatsächlich so, dass wir jederzeit einkaufen können.

Auf den ersten Blick ein Maß von Freiheit und Unabhängigkeit, von dem unsere Großeltern nicht einmal träumen konnten. Aber nur auf den ersten Blick. Bei genauerer Betrachtung stellen wir fest, dass genau das Gegenteil der Fall ist. Wir waren noch nie so abhängig wie heute!

Wenn an irgendeiner Stelle des komplexen Systems etwas ausfällt, dann bricht innerhalb kurzer Zeit alles zusammen und nichts funktioniert mehr.

Ein Stromausfall hätte zur Folge, dass nach wenigen Tagen die Supermärkte leer wären, autofreie Straßen, da auch die Tankstellen leer wären, es würde kein Wasser mehr fließen und die moderne Telekommunikation wäre tot. Heizungen würden natürlich auch nicht mehr funktionieren. Am Abend wären die Lichter aus, man könnte früh zu Bett gehen und von den guten alten Zeiten träumen, als die Menschen noch direkten Einfluss auf ihr Leben hatten. Als sie ihre Lebensmittel noch selbst anbauten und mit dem selbstgeschlagenen Holz ihr Haus heizten.

Ich fühle mich tatsächlich sehr sicher und unabhängig mit meinen übersichtlichen Kreisläufen, die mit einfacher und robuster Technik funktionieren.

Das Leben im ownhome ermöglicht ein schrittweises Herauslösen aus dem komplexen System der Abhängigkeiten, bei dem es nicht mehr möglich ist, Anfang und Ende der Kreisläufe zu erkennen.

Ich persönlich bin überzeugt, dass wir zu jeder Zeit und an jeder Stelle eine neue Richtung einschlagen können. Wir können uns Schritt für Schritt aus bestehenden Abhängigkeiten lösen und dadurch unser Leben zurückgewinnen.

Saubere Wäsche ohne Strom in nur 15 Minuten! Das schont die Akkus und die Umwelt.

Praktische Schritte zu mehr Unabhängigkeit

Einfache, neue Technik

Beim Wäschewaschen wollte ich nicht auf die Unterstützung der Technik verzichten, aber auch keine große Waschmaschine mit für mich undurchschaubarer Technik und Elektronik kaufen. Ich entdeckte, dass es ein Unternehmen gibt, das an der Entwicklung einer fußbetriebenen Waschmaschine arbeitete. Das war mir sofort sympathisch und ich bestellte bereits in der Entwicklungsphase des Unternehmens spontan eine Waschmaschine. Eine kleine, qualitativ hochwertig verarbeitete Maschine mit einem Fassungsvermögen von ca. 3 kg. Ein Waschvorgang mit Hauptwaschgang, Spülwaschgang und Schleudern dauert maximal eine Viertelstunde. Ich war und bin begeistert. Das Waschmittel hatte ich aus dem Bioladen.

Aus fein gehackten, getrockneten Rosskastanien kann man prima Flüssigwaschmittel herstellen. Einfach 4 EL Kastanienpulver in 300 ml Wasser ca. eine Stunde einweichen, Kastanien abseihen – fertig!

EFEU
(Hedera helix)

Auch aus Efeu und Seifenkraut kann man Waschmittel herstellen!

Bei einem Vortrag zum Thema »Besser leben ohne Plastik« realisierte ich, wie einfach und vor allem auch günstig es ist, sein eigenes Waschmittel herzustellen. Bis dahin wäre ich nie auf die Idee gekommen, das Kaufen von Waschmittel in Frage zu stellen – das habe ich schließlich schon immer so gemacht.

Zwei Tage später mixte ich 50 g Seifenflocken mit 8 EL Waschsoda und 4 Liter heißem Wasser. Es dauerte keine zehn Minuten, bis mein erstes, selbstproduziertes Waschmittel fertig war. In Bezug auf die Waschleistung kann es mit jedem käuflichen Waschmittel konkurrieren.

Während ich noch erstaunt darüber war, wie lange ich bereit war, teures Waschmittel zu kaufen, von dem ich nicht eimal die genaue Zusammensetzung kannte, fiel mein Blick auf das oberste Fach des Regals im Bad. Dort standen das 100% biologisch abbaubare Duschgel, die biologische Zahncreme, die biologisch abbaubare Handwaschseife und alles in Plastikbehältnissen ...

Literaturhinweis
Smarticular (Hrsg.): Fünf Hausmittel ersetzen eine Drogerie, Smarticular, aktualisierte Auflage, 2018

In der Zwischenzeit habe ich mir das tolle Buch: »Fünf Hausmittel ersetzen eine Drogerie« von »smarticular« gekauft und ein Produkt nach dem anderen wird vom Einkaufszettel gestrichen. Zahncreme, Putzmittel, Holzpflege, Pflegecreme, ...

Einfache Wege, Nahrungsmittel zu produzieren

Ganz ähnlich erging es mir bei der Ernährung. Ich entdeckte immer mehr Möglichkeiten, meine eigenen Lebensmittel zu produzieren. Zuerst zog ich mir eigene Sprossen in Gläsern, dann entdeckte ich die Welt der Microgreens oder auf deutsch: Zwölftageskräuter. Das sind unterschiedliche Gemüsepflanzen, die bereits nach zwölf Tagen geerntet werden und eine sehr hohe Konzentration an Nährstoffen besitzen.

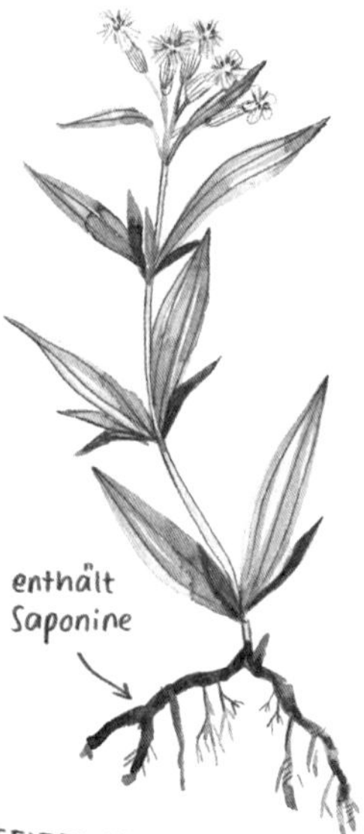

SEIFENKRAUT
(Saponaria officinalis)

Ein großer Teil unseres Gemüses wächst in Hochbeeten und im Garten. Am faszinierendsten ist jedoch die Welt der Wildpflanzen. Bei uns im Garten wächst eine unglaubliche Vielfalt an Wildkräutern. Ich säe sie nicht, ich kümmere mich nicht groß darum, aber ich ernte große Mengen an Löwenzahn, Gundermann, Vogelmiere, Baumspinat, Breitwegerich, Sauerampfer, Taubnessel, Gänseblümchen und natürlich Brennnesseln, um nur einige zu nennen. Schön und unglaublich nahrhaft sind die Wildkräuter, die ohne unser Zutun von ganz alleine wachsen.

Wie war es möglich, dass so eine tolle Pflanze wie die Brennessel, die an vielen Standorten ohne jeden Dünger wächst und unglaublich gesund ist, zu nutzlosem Unkraut degradiert wurde? Welche Gehirnwäsche machte es möglich, dass die sparsamen Schwaben lieber teures Geld für mühevoll kultivierten Spinat und Salat ausgeben, statt die wertvollere, kostenlos und wild wachsende Brennnessel zu ernten?

MICROGREENS

DIE SAMEN DICHT AUF GUT ANGEFEUCHTETEM SUBSTRAT AUSSTREUEN.

ANSCHLIESSEND DÜNN MIT ERDE BEDECKEN.

LICHTKEIMER UNBEDECKT LASSEN.

DAS SUBSTRAT IMMER FEUCHT HALTEN.

DIE MICROGREENS WERDEN GEERNTET, SOBALD SICH EIN ZWEITES BLATTPAAR GEBILDET HAT.

ROSENSEITLINGE

Rosenseitlinge sind eine Augenweide und gleichzeitig lecker und gesund.

Auch Brotaufstriche lassen sich mit wenigen Zutaten günstig und schnell herstellen.

Ein weiteres, faszinierendes Nahrungsmittel sind Pilze. Wunderschön, sehr gesund und unglaublich lecker! Pilze lassen sich auf unterschiedlichen Substraten kultivieren. Über viele Monate baute ich Austernpilze, Rosenseitlinge und Limonenseitlinge auf Kaffeesatz an. Es war ein beeindruckendes Erlebnis, den Pilzen beim Wachsen zuzusehen und gleichzeitig war es eine große Bereicherung für unsere Speisekarte. Irgendwann war der Ertrag so groß, dass ich einen Großteil der Ernte verschenken musste.

Immer neue Herausforderungen

Wenn man einmal anfängt, die Kette der Abhängigkeiten an einer Stelle zu durchbrechen, ist es fast wie das Öffnen eines Reißverschlusses. Mit dem Durchbrechen einer Abhängigkeit öffnet sich der Blick auf die nächste. Karte für Karte fällt das Kartenhaus der schönen, neuen Welt, die nicht viel mit uns selbst zu tun hat, in sich zusammen. Daraus ergibt sich die Möglichkeit, die labilen Spielkarten der Scheinwelt durch stabile Bausteine, die eng mit uns verbunden sind, zu ersetzen, um mit diesen »unser« Leben aufzubauen.

Die mit Abstand größte Herausforderung in Bezug auf Unabhängigkeit ist jedoch in unserem Kopf.

»Was habe ich mit der Welt da draußen zu tun?«
Du bist die Welt da draußen!

Unsere Wahrnehmung ist zu einem großen Teil abhängig von unseren Erwartungen und Einstellungen.

So, wie die Einstellungen an einer Kamera – Blende, Belichtungszeit und Brennweite etc. – entscheidend dazu beitragen, welche Qualität das Foto danach hat, so verhält es sich auch mit unseren Einstellungen in Bezug auf die Wahrnehmung unserer Realität. Mit ihnen kreieren wir die Wirklichkeit. Wir erleben nicht die Welt, wie sie ist – wir erleben sie so, wie wir sind. Unsere Erfahrungen, unsere Vorurteile und unsere Wertvorstellungen wirken sich direkt auf die Qualität unserer Wahrnehmung aus. Oft bleibt von der Wirklichkeit nicht mehr viel übrig und das, was wir erleben, hat mehr mit uns zu tun, als mit dem, was da draußen wirklich geschieht.

Unsere Glaubenssätze haben wir uns im Laufe unseres Lebens angeeignet. Durch unsere Familie, durch die Gesellschaft, durch eigene oder fremde Gedanken und durch unsere Erfah-

LÖWENZAHN
BRENNNESSEL
WIESEN-
KLEE
KNOBLAUCHSRAUKE
GIERSCH
GÄNSE-
BLÜMCHEN
ÖL
VOGELMIERE
SALZ
PFEFFER
Wildkräuter
Pesto
NÜSSE
KÄSE

rungen. Mit ihnen interpretieren wir das, was wir wahrnehmen. Wenn wir beispielsweise von klein auf immer zu hören bekommen, dass unsere Mitmenschen unsere Konkurrenten sind, dann verfestigt sich das früher oder später und wird zu einem Denkmuster. Mit diesem sehr eingeschränkten Blick sehen wir dann auf die Handlungen unserer Mitmenschen. Egal was sie tun, wir werden dann immer ein Gegeneinander und kein Miteinander fühlen.

Wenn wir unabhängiger werden möchten, dann ist es sehr wichtig, dass wir unsere Glaubenssätze kennen und kritisch hinterfragen. Die wichtigste Voraussetzung dafür ist, dass wir bereit sind, uns selbst zu beobachten. Dann können wir entdecken, wie wir unsere Erlebnisse interpretieren. Wir beobachten beispielsweise ein Auto, das unzählige Male beim Einparken hin und her rangiert und sind dann ganz überrascht, wenn dann ein Mann aussteigt. Schon können wir beobachten, dass wir das Vorurteil haben, dass Frauen schlechter einparken können als Männer. Alle Erlebnisse und alle unsere Mitmenschen helfen uns bei diesem Prozess der Selbsterkenntnis, bei dem wir unsere Denkmuster und Vorurteile entdecken können.

Jedes Erlebnis, das uns bewegt, egal ob positiv oder negativ, offenbart unsere Glaubenssätze. Wenn wir den Blick von dem, was uns bewegt, abwenden, hin zu dem, warum es uns bewegt, dann erkennen wir ein wenig mehr von den Mauern und ausgetretenen Pfaden in unserem Kopf und dadurch ein wenig mehr von uns selbst.

Das gibt uns natürlich auch die Möglichkeit, unsere Art zu denken zu ändern. Wenn wir die festgefahrenen Pfade in unserem Kopf verlassen, verändern wir dadurch auch unsere Wahrnehmung und damit die Welt um uns, die wir erleben.

Mit unserer Wahrnehmung haben wir ein riesiges Potential, die Welt in uns und um uns kreativ und aktiv zu gestalten.

Dazu noch ein Beispiel: Wenn wir das Vorurteil haben, dass Schweine schmutzige und unsensible Wesen sind, die immer nur ans Fressen denken, stören wir uns wahrscheinlich nicht daran, wie in der industriellen Landwirtschaft mit ihnen umgegangen wird. Wenn wir aber wissen, dass Schweine extrem reinliche Tiere sind mit großer sozialer Kompetenz, die in Freiheit täglich bis zu 50 km laufen würden, dann verändert sich unsere Einstellung zu den Tieren. Dadurch verändert sich auch unsere Sicht auf die industrielle Schweinemast. Das kann so weit führen, dass wir unsere Ernährungsgewohnheiten und unser Konsumverhalten ändern. Und schon sind wir kreativ an der Gestaltung unserer Gesellschaft beteiligt.

CORONA ALS CHANCE

Wie wichtig es ist, dass wir bei unseren Zielen Abhängigkeiten und Zusammenhänge nicht aus den Augen verlieren, zeigt die Corona-Krise. Innerhalb weniger Tage spricht die ganze Welt über ein kleines Virus und wir reagieren mit Maßnahmen, die sich vorher keiner hätte vorstellen können. Unsere Gesellschaft wurde in den Ausnahmezustand versetzt. Lieferketten brechen zusammen, Rohstoffe werden knapp, Fabriken werden lahmgelegt, wirtschaftliche Existenzen stehen auf dem Spiel.

Unsere Erde befindet sich schon seit vielen Jahren im Ausnahmezustand und Wissenschaftler berichten seit Jahren regelmäßig immer nachdrücklicher darüber. Mit der gleichen Regelmäßigkeit ignorieren wir jedoch diese Warnungen. Keiner dieser Berichte konnte uns dazu bewegen, auch nur die geringste Kleinigkeit an unserem Lebensstil zu verändern.

Jetzt, in dem Moment, in dem wir unser eigenes Leben bedroht sehen, sind wir zu Veränderungen bereit, die bisher undenkbar waren.

Jetzt ist es besonders wichtig, dass wir das Gesamtsystem des Lebens betrachten. Es gibt die ernstzunehmende Annahme, dass die Übertragung von Viren durch Wildtiere auf den Menschen sehr viel damit zu tun hat, wie wir mit unserer Erde und unseren Mitwesen auf der Erde umgehen. Indem wir durch unseren rücksichtslosen, expansiven und gierigen Lebensstil immer mehr natürliche Lebensräume von Wildtieren zerstören, sind diese gezwungen, sich unnatürliche Lebensräume im engeren Umfeld von Menschen zu suchen, um zu überleben. Dazu gibt es einen interessanten Bericht von der Wissenschaftsjournalistin Sonia Shah mit dem Titel »Woher kommt das Coronavirus?«.

Quelle
Shah, Sonia: Woher kommt das Corona-Virus?, Le Monde diplomatique, Nr. 3/2020

Wir werden Pandemien nur vermeiden können, wenn wir bei der Veränderung der Politik ebenso entschlossen vorgehen, wie wir es bei den Eingriffen in der Natur und das Leben der Tiere getan haben.

Nutzen wir die Gelegenheit, die uns die Corona-Krise bietet, und definieren unsere Ziele neu. Definieren wir den Begriff für ein erstrebenswertes, gutes Leben so, wie die indigenen Völker Lateinamerikas und schließen darin das Wohlergehen aller Wesen mit ein. Dann wird es nicht nur uns besser gehen, sondern dann wird die Welt für alle besser.

RECHT AUF EIN GUTES LEBEN?

Beim Streben nach Unabhängigkeit wird man trotz aller Mühe leider oft schon relativ schnell von Paragraphen und Bestimmungen eingeholt. Von diesen Stolpersteinen darf man sich nicht die Energie und die Motivation rauben lassen, aber vor allem darf man sie nicht unterschätzen. Es findet sich zwar fast immer eine Lösung, aber es ist empfehlenswert, sich schon frühzeitig mit der rechtlichen Komponente zu befassen, die Veränderungen mit sich bringen. Oft kann man schon im Vorfeld Kompromisse in Kooperation mit den Behörden erarbeiten, manchmal braucht es aber auch ein wenig zivilen Ungehorsam, um Neues in die Welt bringen zu können.

Baugenehmigung

Eine gute Idee alleine reicht nicht aus. Es braucht immer auch das passende Umfeld, in dem die Idee Realität werden und wachsen kann. Wenn man sich vorher zu wenig darum kümmert, diese Bedingungen zu schaffen, kann es im Nachhinein deutlich mehr Energie kosten. So erging es mir beim ownhome. Ich ging mit einer Mischung aus Unwissenheit und Naivität an die ganze Sache heran:

Natürlich wollte ich am liebsten selbst im ownhome wohnen, doch die Dinge in der Welt entwickelten sich im Laufe des Projekts so, dass mir die Idee kam, das Haus zusammen mit Geflüchteten als temporäre Unterkunft für Flüchtlinge zu bauen. Alles, was sie beim Bau lernen würden, könnten sie dann als wertvolles Know-how mitnehmen, wenn sie in ihre Heimatländer zurückkehrten. Von dieser Idee konnte ich auch unseren Landrat überzeugen und er wollte sich so ein Haus ansehen. Aus diesem Grund sollte der Bau so schnell wie möglich beginnen. Mein Sohn, der ein altes Bauernhaus mit einem großen Garten besitzt, hörte davon und meinte: »Du kannst es gerne bei mir im Garten bauen.«

Da das Grundstück ja bereits bebaut war, ging ich davon aus, dass es offiziell möglich ist, darauf zu bauen. Ich suchte mir eine geeignete Stelle im Garten aus und wir begannen mit dem Bau. Nach drei Monaten, als der Rohbau stand, lud ich das Landratsamt ein, die mit vier Personen das Bauwerk besichtigten. Es gefiel ihnen sehr gut und irgendwann fragten sie mich nach der Baugenehmigung. Erstaunt nahm ich zur Kenntnis, dass man für den Bau eines jeden Gebäudes vorher einen Bauantrag stellen muss. Da dieses Häuschen schnell fertig werden sollte, einigten wir uns darauf, dass ich den Bauantrag nachträglich, innerhalb von einem Jahr einreichen durfte. Nach einem Jahr reichte ich dann das Baugesuch beim Landratsamt und bei der Gemeinde ein. Eine Woche später konnte ich in der lokalen Zeitung lesen, dass das ownhome eine gute Idee sei, sich aber leider am falschen Platz befände.

Nach und nach machte ich einen Schnellkurs in Baurecht. Das Grundstück war nicht einheitlich bezüglich der Bebauungsmöglichkeiten. Der größte Teil war sogenannter »Innenbereich« und somit bebaubar. Ein schmaler Streifen war jedoch »Außenbereich«, der nicht bebaut werden durfte. Die Trennlinie verlief quer durchs ownhome. Ich nahm das zur Kenntnis, ohne mir der Tragweite dieser Aussage bewusst zu sein. Erst acht Monate später, als ich bereits im ownhome lebte, kam ein Brief vom Landratsamt, in dem sie mir mitteilten, dass sie nach ausführlicher Prüfung feststellen mussten, dass sich das Gebäude im Außenbereich befände und deshalb nicht genehmigungsfähig sei. Sie forderten mich desweiteren dazu auf, Rückbauvorschläge einzureichen.

Jetzt wurde mir die Ernsthaftigkeit der Lage so langsam bewusst und das Leben bot mir den Schnellkurs »Baurecht für Fortgeschrittene«. Nachdem meine erste Wut verflogen war, schlug ich den Weg der Kommunikation ein. Dabei konnte ich feststellen, dass von keiner Seite Böswilligkeit im Spiel war. Es gibt eben Spielregeln und wenn man sich nicht an diese hält, dann braucht es eine gute Portion Kreativität und Hartnäckigkeit, um Schlimmeres zu verhindern. Nach wochenlangem Austausch stellte das Landratsamt wiederholt und abschließend fest, dass das Gebäude teilweise im Außenbereich steht, somit nicht genehmigungsfähig ist und zurückgebaut werden muss. Im nächsten Absatz wiesen sie dann auf eine mögliche Lösung hin. Sie schrieben, dass es im Kompetenzbereich der Stadt Rosenfeld liege, über eine sogenannte Abrundungssatzung die Fläche vom Außenbereich in bebaubaren Innenbereich umzuwandeln.

Recht kurzfristig konnte ich über unsere Ortsvorsteherin herausfinden, dass die Bereitschaft dazu sicher vorhanden wäre, wenn ich die Kosten dafür übernehmen würde. An dieser Stelle handelte ich dann ein zweites Mal naiv und sagte spontan zu. Ich dachte, dass es ja keine große Summe kosten könne, am Computer eine Linie um ein paar Zentimeter zu verschieben. Wenige Wochen später wurde ich eines Besseren belehrt. Der Kostenvoranschlag vom zuständigen Ingenieurbüro lag vor. Mein Lehrgeld belief sich auf etwas mehr als 18.000 Euro. Eine Woche später kam die erfreuliche Nachricht, dass sich die

Kosten durch ein vereinfachtes Verfahren halbieren würden. Plötzlich konnte ich mich über die Rechnung von ca. 9.000 Euro freuen. Sie kam mir schon fast wie ein Schnäppchen vor.

An dieser Stelle meine Empfehlung: Es lohnt sich, die rechtlichen Voraussetzungen im Vorfeld zu klären. Eine Baugenehmigung ist praktisch immer notwendig, wenn es um dauerhaftes Wohnen geht. Unabhängig davon, ob mobil oder immobil.

Es gibt so ein paar Graubereiche wie Wochenendsiedlungen aus den 60er Jahren oder Dauercampingplätze. Da kann es sein, dass ein dauerhaftes Wohnen von der Gemeinde geduldet wird. Auf jeden Fall ist es ratsam, im Vorfeld den Austausch mit der Gemeinde zu suchen.

Stromversorgung

Wenn es um die Autarkie im Strombereich geht, dann gibt es keine rechtlichen Hürden. Die vier großen Energieversorger sind zwar nach wie vor keine Freunde der Erneuerbaren Energien, aber sie haben kein Recht, sich in den privaten Bereich einzumischen, solange wir nichts von ihnen verlangen.

Wasserversorgung

Ganz anders sieht es beim Wasser aus. Zum einen ist es technisch nicht ganz einfach den funktionierenden Kreislauf vom Grauwasser zu Trinkwasser hinzubekommen, die weitaus größere Hürde aber sind unsere rechtlichen Vorschriften. Bei der Wasserversorgung mischt sich die Gemeinde ein.

Seit 1945 gibt es den sogenannten Anschluss- und Benutzungszwang. Das ist die rechtliche Grundlage dafür, dass Gemeinden die Bürger zwingen können, sich an das vorhandene Wasser- und Abwassersystem anzuschließen. Offiziell aus Gründen des öffentlichen Wohls. Anfangs fand ich das eine echte Zumutung. Je mehr ich mich jedoch mit dieser Thematik auseinandersetzte, desto differenzierter wurde mein Urteil darüber.

Unser »normales« Wasser- und Abwassersystem ist idiotensicher. Damit will ich sagen, dass wir theoretisch alles in den Abfluss kippen können, was wir wollen. Vom Pinselreiniger über die chemische Keule »Abflussfrei« bis hin zum alten Pommesfett. All das hat keinerlei Auswirkung auf die Qualität unseres Trinkwassers, denn das Wasser, das in einem herkömmlichen Haushalt aus dem Hahn kommt, hat nichts mit dem Wasser zu tun, das unser Haus verlässt. So können wir einerseits immer sicher sein, dass wir sauberes Wasser bekommen, unabhängig davon, wie sehr wir unser Abwasser verschmutzen. Andererseits wissen wir dafür auch nicht, woher unser Wasser kommt und was mit unserem Abwasser geschieht.

Beim Kreislaufsystem des ownhomes sieht das anders aus. Der Nutzer ist ein Bestandteil des Systems. Er ist sogar eine wichtige Komponente im System, die mit darüber entscheidet, ob und wie gut es funktioniert. Dieses System ist ein Zusammenspiel unterschiedlicher Faktoren, die extrem voneinander abhängen. Wenn die Pflanzen oder die Bakterien absterben, dann gibt es kein sauberes Wasser und ohne sauberes Wasser kann es uns nicht gut gehen.

Da sagen die Behörden natürlich zu Recht, dass sie nicht wissen können, wie sich der Mensch im System verhält und da sie sich für ihn verantwortlich fühlen, können sie das nicht generell genehmigen.

Unser Ziel ist es, dass das System unter bestimmten Auflagen genehmigt wird. Da liegt aber noch ein gutes Stück Weg vor uns.

Nährstoffkreislauf im eigenen Garten

Die Entsorgung von Müll und Fäkalien unterliegt offiziell der staatlichen Hoheit. Das heißt, dass man sich, wenn man alles nach der offiziellen Gesetzgebung machen möchte, für den Betrieb einer Toilette mit Eigenentsorgung bei den zuständigen Behörden eine Genehmigung einholen muss. Allerdings ist eine Komposttoilette rechtlich weder als Abwasserbehandlungsanlage noch als Abfallbehandlungsanlage einzuordnen. Das heißt, wenn der Verursacher nicht seinen »Entledigungswillen« erklärt, sondern das Material für die Kompostierung als Wirtschaftsgut betrachtet, dann benötigt er für die Komposttoilette mit Kompostierungseinrichtung auf dem eigenen Grundstück keine abfallrechtliche Genehmigung. Es ist dann eine Form der Eigenkompostierung, bei der der fertige Kompost jedoch nicht an Dritte veräußert werden darf.

Literaturhinweis
Berger, Wolfgang: Kompost-Toiletten für Garten und Freizeit. Sanitärtechnik ohne Wasser und Chemie, Ökobuch Verlag, 2. Auflage, Staufen, 2017

Unabhängig von der rechtlichen Seite gibt es wichtige Punkte, die man bei der Kompostierung von Fäkalien berücksichtigen sollte. Aus hygienischen Gründen und um alle eventuell vorhandenen Krankheitserreger abzubauen, sollte eine Nachkompostierung von mindestens zwei Jahren eingehalten werden.

Der Umgang mit dem »flüssigen Gold«, Urin, ist einfacher, da keine Kompostierung stattfinden muss. Verdünnt mit Wasser in einem Verhältnis von 1 zu 5 bis 1 zu 10, je nach Verwendung, lässt er sich direkt als guter Pflanzendünger einsetzen.

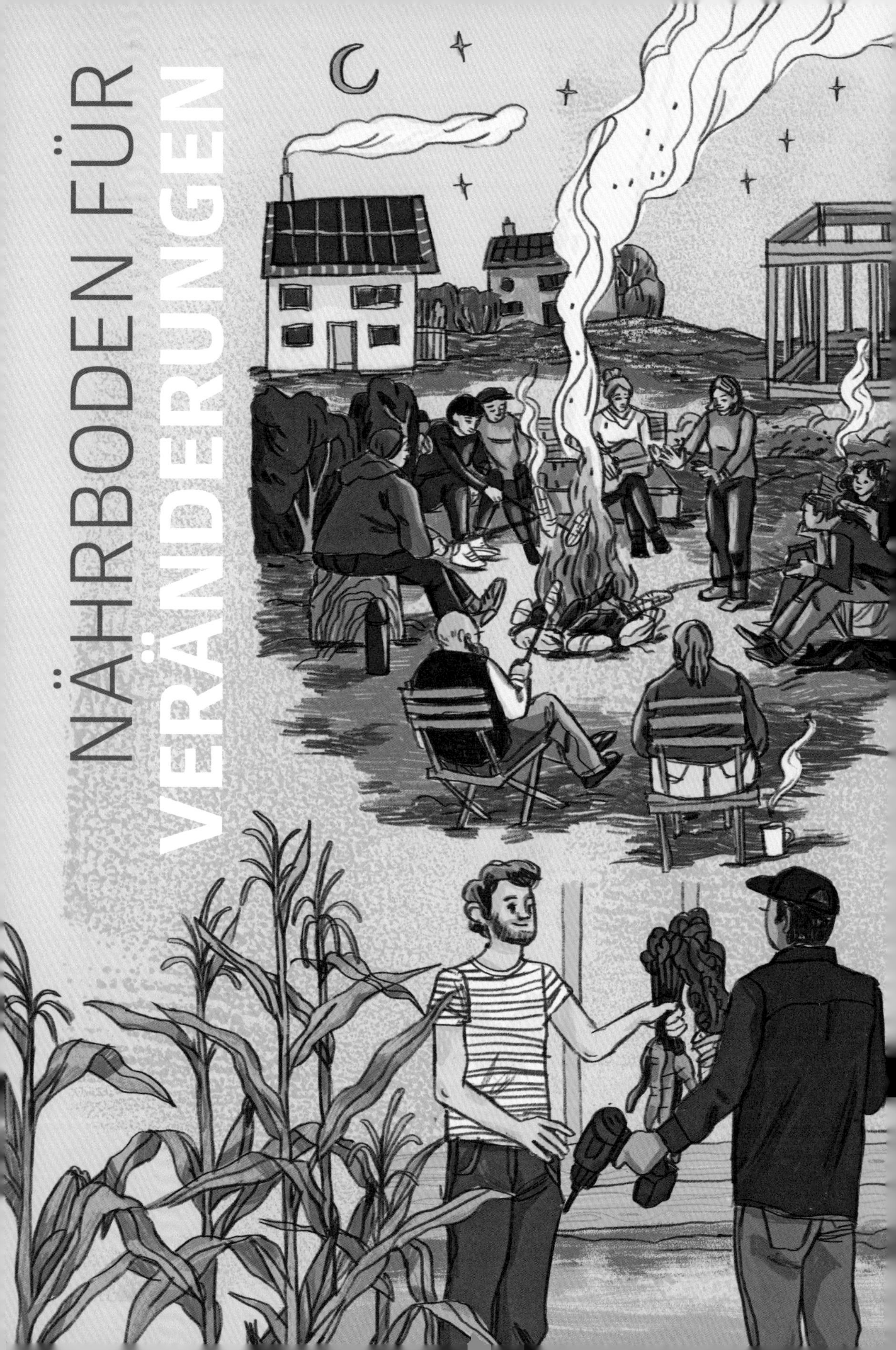
NÄHRBODEN FÜR
VERÄNDERUNGEN

DAS OWNHOME IST NATÜRLICH NUR EIN ASPEKT IN EINEM RIESIGEN NETZ AUS MÖGLICHKEITEN, UM UNSERE GESELLSCHAFT POSITIV ZU VERÄNDERN. ABER ES KANN EIN WICHTIGER KNOTENPUNKT SEIN, UM DIE UNTERSCHIEDLICHSTEN IDEEN UND KONZEPTE ZUSAMMENZUFÜHREN. IN DIESEM ABSCHNITT BESCHREIBE ICH, WIE SICH DAS KONZEPT DES OWNHOMES WEITERENTWICKELN SOLL, WELCHE VORTEILE FÜR UNSERE GESELLSCHAFT DAMIT VERBUNDEN SIND UND MIT WELCHEN ANDEREN IDEEN SICH DIESES WOHNKONZEPT GUT KOMBINIEREN LÄSST, UM ZUSÄTZLICHE SYNERGIEEFFEKTE NUTZEN ZU KÖNNEN.

GELD ODER LEBEN?

Gutes Leben oder gutes Geschäft? Sinnmaximierung oder Gewinnmaximierung?

Als ich mit der Umsetzung der Idee des ownhomes begann, zeigte sich schon früh, dass sich viele Menschen für diese Thematik interessieren und ich einen Nerv getroffen hatte. Mit dem Fortschreiten der Bauzeit nahmen auch die Besucher zu. Heute besichtigen monatlich zwischen 50 und 100 Menschen das ownhome! Wir standen vor der schwierigen Frage, wie wir mit unserer Idee umgehen wollten. Ganz schnell gab es den Vorschlag, dass wir eine GmbH gründen sollten, um mit der wachsenden Nachfrage nach alternativen Wohnmöglichkeiten ein »gutes Geschäft« zu machen. Ich hatte bei diesem Vorschlag Bauchschmerzen. Ursprünglich waren wir mit einer Vision für ein »gutes Leben« angetreten und nicht mit dem Hintergedanken ein lukratives Business aufzuziehen. Ich hatte das Gefühl, dass sich das in diesem Fall komplett widersprechen würde. Je mehr ich darüber nachdachte, desto entschiedener wehrte ich mich gegen eine konventionelle Firmenstruktur.

Viele gute Ideen, die zum Ziel hatten, neue Werte in unserer Gesellschaft zu verankern, neue Standards im sozialen Miteinander und in unserem Umgang mit der Natur zu setzen, verwandeln sich nach wenigen Jahren zu einem Teil des bestehenden, kapitalistisch geprägten Systems mit genau den gleichen Prioritäten. Fast unbemerkt wandert das Ziel der Gewinnmaximierung an den ehemals ganz oben positionierten Werten der Menschlichkeit vorbei. Die Kreativität, die von Natur aus ein grenzenloses Potential bietet, wird extrem eingeschränkt und auf die Maximierung der Gewinne fokussiert. Je bedeutsamer die Gewinnmaximierung für uns wird, desto weniger Aufmerksamkeit bekommen die Werte, die für ein »gutes Leben« stehen.

Mit der Wahl der Gesellschaftsform für ein Unternehmen erklärt man sich bereit, ihre Spielregeln zu befolgen wie auch die, mit denen sie in unserem Wirtschaftssystem eingebunden ist. Am deutlichsten wird das bei einer Aktiengesellschaft. Bei ihr geht es in der Regel darum, die größtmögliche Rendite für das eingesetzte Kapital der Aktionäre zu erwirtschaften. Andere Werte spielen in den meisten Fällen eine untergeordnete Rolle.

Unser kapitalistisches Wirtschaftssystem, für das diese Gesellschaftsformen entwickelt worden sind, ist auf Wachstum ausgerichtet. Gernot Böhme schreibt in seinem Buch, »Ästhetischer Kapitalismus«: »Nun ist aber Wachstum für das kapitalistische Wirtschaften essentiell, so essentiell, dass weder ein

Politiker noch ein Ökonom die Notwendigkeit von Wachstum heute infrage stellt«.

Ein nicht-manipulierter Mensch würde sicher seine wertvolle Lebenszeit nicht gegen unnötige Konsumgüter eintauschen, nachdem er seine materielle Grundgeborgenheit erreicht hat. Um die Menschen darüber hinaus in Konsumlaune zu halten, lassen sich die Firmen einiges einfallen. Gernot Böhme beschreibt das so: »Die ästhetische Ökonomie erzeugt also auf der Konsumseite eine Eskalation des Verbrauchs. Von daher werden die Menschen im Gefühl der Knappheit gehalten, obgleich sie im Überfluss leben.«

Literaturhinweis
Böhme, Gernot: Ästhetischer Kapitalismus, Suhrkamp, 2. Auflage, Berlin, 2016, S. 73

Für ein permanentes Wachstum braucht es immer mehr Umsätze und aus dem Mehr wird immer noch mehr und immer schneller und noch schneller. Der aufkommende Tinnitus ist nichts anderes als das Quietschen der Lager des Hamsterrades, das sich immer schneller dreht.

Die ersten Mitarbeiter unterstützen die Pharmaindustrie, da ihnen das Leben ohne Stimmungsaufheller keinen Spaß mehr macht und plötzlich geht es nur noch um das eine – wachsen oder weichen. Die »Megamaschine«, wie Fabian Scheidler unser nach Wachstum gieriges Wirtschaftssystem bezeichnet, lässt grüßen und verdaut genüsslich ihr nächstes Opfer. Schon wurde aus der Idee für ein »gutes Leben« ein »gutes Geschäft«, das leider keine Rücksicht auf ein gutes Leben nehmen kann, denn an oberster Stelle steht die Gewinnmaximierung.

Literaturhinweis
Scheidler, Fabian: Das Ende der Megamaschine. Geschichte einer scheiternden Zivilisation, Verlag Promedia, 1. Auflage, Wien, 2015

Mag sein, dass es manchen Firmen gelingt, das gute Leben und das gute Geschäft in Einklang zu bringen. Ich persönlich glaube, dass das eine sehr große Herausforderung ist und meist das gute Geschäft mehr Gewicht bekommt.

Das lässt sich im Augenblick auch in der sogenannten Tiny-House-Bewegung sehr gut beobachten. Tinyliving wurde zu einem Trend und die Nachfrage ist in kurzer Zeit sehr schnell gewachsen. Schon gibt es Hersteller, denen das Geschäft viel wichtiger ist, als ein nachhaltiger Lebensstil. Es gibt Tiny Häuser, die rein gar nichts mit dem *Guten Leben* zu tun haben. Bei ihrer Herstellung werden keine ökologischen Baumaterialien verwendet und zum Teil kann der konventionelle Stromverbrauch erstaunlich hoch sein.

Ich hatte bereits mehrmals Besucher, die sich regelrecht betrogen vorkamen. Sie gaben ihr komplettes, oft mühsam erspartes, Geld für ihr Tiny House aus mit der Idee, ihr weiteres Leben im Einklang mit ihren persönlichen Werten, ökologisch und naturnah verbringen zu können. In einem Fall war das Ergebnis eine Box aus Aluminium-Sandwichplatten, die mit Schaum gefüllt waren. Das war natürlich weit entfernt von dem, was sich die Kundin als ein gemütliches, ökologisches Heim vorgestellt hatte. Der Hersteller meinte, dass das trotzdem ökologisch sei, da man nur sehr wenig Heizenergie benötigen würde. Nur aus dem Blickwinkel des Energieverbrauchs betrachtet ist diese Argumentation schlüssig, aber bei einer ganzheitlichen Betrachtung werden die katastrophalen Folgen einer einseitigen Herangehensweise deutlich: Dem geringen Energieverbrauch stehen schwerwiegende ökologische Schäden gegenüber. Angefangen von dem enormen Energieaufwand für die Herstellung der Materialien, über die chemischen Giftstoffe, die beim Herstellungsprozess entstehen, bis zu der Entsorgungsproblematik für das Material nach seiner Lebenszeit. Während der Lebenszeit ist es ein völlig ungeeignetes Material für einen gesunden Wohnraum, da es außer dem Dämmwert keine Qualitäten besitzt, die das Raumklima positiv beeinflussen.

Das ist nur ein Beispiel von vielen, um zu zeigen, dass in einem wachsenden Wirtschaftszweig mit der Zunahme der Beteiligten auch die Vielfalt der Motivationen und Ziele wächst. Ein Thema, das von einer ehemals kleinen Szene aus Idealisten und Weltverbesserern angestoßen wurde, hat sich Schritt für Schritt in einen hart umkämpften Markt verwandelt.

DIE SOLIDARISCHE BAUWIRTSCHAFT

Ich möchte dieses Spiel nicht mitspielen und suchte lange nach einer Möglichkeit, wie ich unseren Werten für ein »gutes Leben« treu bleiben könnte.
Erfreulicherweise bietet unser gesellschaftliches System auch Raum für Ideen, die andere Ziele als die Gewinnmaximierung verfolgen. Hierzu zählt mit Sicherheit der »Gemeinnützige Verein«. Schon der Name beschreibt, dass es dabei mehr um das Wohl der Gemeinschaft, als um die Bereicherung des Einzelnen geht. Zur gleichen Zeit las ich verschiedene Artikel über die Idee der solidarischen Landwirtschaft.

Mehr Infos zur Solawi findest du unter: **solidarische-landwirtschaft.org**

Bei der solidarischen Landwirtschaft wird das Grundbedürfnis nach gesunden Lebensmitteln regional und gemeinsam erfüllt. Das heißt, dass sich eine Gruppe von Menschen zusammenschließt, meist in Form eines Vereins, und die Verantwortung und das Risiko für den Anbau ihrer Lebensmittel übernimmt. Sie besorgen sich ein geeignetes Stück Land und wählen kompetente Menschen aus, die sich hauptberuflich um den Anbau kümmern und dafür von der Gemeinschaft bezahlt werden. Der gesamte Anbau wird solidarisch finanziert und nicht das einzelne Lebensmittel. Selbstverständlich beteiligen sich auch alle anderen in dem Rahmen, in dem es ihre Lebensumstände zulassen, beim Anbau der Lebensmittel. Auch die Auswahl der Pflanzen, die angebaut werden, wird in einem gemeinsamen Prozess entschieden. Erzeuger und Verbraucher bilden eine Wirtschaftsgemeinschaft, die genau auf die Bedürfnisse der Beteiligten abgestimmt ist und die natürlich auch die Bedürfnisse der Mitwelt berücksichtigt.

Der zugrunde liegende Gedanke der Solidarität fühlte sich für mich sofort sehr gut an und passte gut zu unserer Idee.

Diese Impulse brauchte ich, um 2018 den Entschluss zu fassen, mit anderen Interessierten einen gemeinnützigen Verein für solidarische Bauwirtschaft zu gründen. Wenige Monate später hatten wir dann unsere konstituierende Sitzung. Damit entschieden wir uns gegen die konventionelle Vermarktung der ownhome-Idee. Wir verkaufen keine Häuser, keine Baumaterialien und auch keine Ideen. Wir unterstützen Menschen, die ihren Lebensstil ändern und in diesem Zusammenhang ihr eigenes Heim kreieren wollen.

Mehr Infos zur Sobawi findest du unter: **sobawi.de**

Die Basis dafür ist ein selbstbestimmtes Leben und dazu gehört auch ein bestimmtes Maß an Selbstermächtigung. Eine Eigenschaft, die in unserer Gesellschaft fast immer zu kurz kommt oder sogar gezielt unterdrückt wird. Wie oft hören wir, was wir alles nicht können, was wir falsch gemacht haben und was wir lieber den »Profis« überlassen sollen. Nur ganz selten bekommen wir ein Lob oder die Aufmunterung, mal was Neues zu probieren. »Nix gsogt is gnug globt!«, (nichts gesagt, ist genug gelobt), sagt man bei uns im Schwabenland.

Ich bin überzeugt, dass in jedem Einzelnen von uns unglaublich viele Fähigkeiten schlummern und jedem von uns ein großes, kreatives Potential zur Verfügung steht. Dieses Potential wartet nur darauf, endlich loslegen zu dürfen.

In uns allen ruht ein wildes, lebendiges und grenzenloses Energiepotential, das sich nach Leben sehnt.

Diese Kreativität und diese Lebendigkeit brauchen wir heute dringender denn je, um die zunehmende Not in Umwelt und Gesellschaft zu lindern und unserem Denken eine neue Richtung zu geben.

Was haben wir von einer braven, aber mut- und ideenlosen Gesellschaft, die nur noch das denkt und lebt, was von ihr erwartet wird, während sie immer lebloser wird und so das echte Leben auf der Erde gesetzeskonform ausstirbt?

Wenn alles so weiterläuft, wie wir es die letzten Jahrzehnte haben laufen lassen, dann sind die letzten Worte der Menschheit: »Das haben wir schon immer so gemacht!«

Mit unserem Verein für solidarische Bauwirtschaft möchten wir die Menschen inspirieren, eigene Ideen zu entwickeln und diese dann auch selbst umzusetzen. Wenn sich also jemand entscheidet, sein Leben selbstbestimmt zu gestalten, und einen Lebensstil wählen möchte, mit dem er weder die Welt um sich herum noch sich selbst unnötig schädigt, dann ist es ein konsequenter Schritt, sein Haus selbst zu gestalten und zu bauen. Ich bin überzeugt, dass wir alle viel mehr können, als wir uns zutrauen. Natürlich kann man nicht alles selbst umsetzen, aber man kann die Verantwortung dafür übernehmen und hat als Sicherheit und zuverlässigen Partner den Verein der »SoBaWi« im Hintergrund.

Was muss ich tun, wenn ich ein ownhome bauen möchte?

Zunächst sollte geklärt werden, ob das ownhome als Teil einer ownhome-Siedlung oder als Einzelhaus gebaut werden soll. Diese Wahl kann entscheidende Auswirkungen auf die Ausgestaltung des Designs und auf die Technik haben und sollte deshalb gut überlegt werden. Wenn klar ist, unter welchen Voraussetzungen das ownhome gebaut werden soll, geht die Suche nach einem geeigneten Grundstück los, auf dem man das Haus bauen möchte und auch darf. Wichtig hierbei: nicht aufgeben! Dranbleiben lohnt sich! Beharrlichkeit und Freundlichkeit zahlen sich auf dem Amt aus.

Das ownhome ist kein festgeschriebener Bauplan für ein Gebäude. Es ist viel mehr die materielle Umsetzung eines weltgerechten Lebensstils und kann auf die individuellen Bedürfnisse angepasst werden. Es kann wachsen, sich verändern und man kann neue technische Komponenten integrieren.

Hat man also ein potenzielles Grundstück, geht es an die konkrete Planung und Ausgestaltung der individuellen ownhome-Lösung. Die ersten Fragen, die sich dann stellen, sind: Wie groß soll es sein? Welche Technik soll genutzt werden? Welches Maß an Autarkie wird angestrebt? Sehr hilfreich dabei ist die Webseite unseres Vereins: *www.sobawi.de*. Dort gibt es neben dem Plan des ersten ownhomes weitere Planungsentwürfe, die man einsehen kann. Sollte ein Plan sich mit den eigenen Vorstellungen decken, so kann man diesen direkt übernehmen. Es gibt natürlich auch die Möglichkeit, zusammen mit unserer Architektin einen komplett neuen Entwurf zu gestalten oder einen vorhandenen den eigenen Wünschen entsprechend abzuändern. In diesem Zusammenhang ist es wichtig, zu klären, wie die Bebauungsvorschriften auf dem Grundstück aussehen, um unnötigen Planungsaufwand zu vermeiden.

Wenn die Planungsphase abgeschlossen ist, kann mit den entstandenen Plänen das Baugesuch eingereicht werden. Dazu gehört auch die Einzeichnung im Lageplan und die Einmessung in das Gelände.

Die Baugenehmigung ist der erste große Meilenstein. Mit dieser können dann die Pläne für den Bausatz auf CAD gezeichnet werden. Dann sucht man eine regionale, zuverlässige Abbundanlage, die mit Hilfe der CAD-Zeichnungen die Hölzer für den Bausatz fertigen kann. Bevor man dann wirklich mit dem Bau beginnen kann, benötigt man noch einen geeigneten Bauleiter. Bei all diesen Schritten kann die *SoBaWi* unterstützend und beratend zur Seite stehen.

Mit der Zunahme von neuen Projekten wächst die Gemeinschaft der Menschen, die das Bauen ihres eigenen Heims als wichtige Komponente für ein »gutes Leben« für alle anstreben. Durch den offenen, konstruktiven Austausch der Beteiligten entsteht ein großer Erfahrungsschatz, auf den jeder zurückgreifen kann.

Erste Nachfolgeprojekte

Im Frühjahr 2020 stand das erste konkrete Folge-Bauprojekt für die Umsetzung an. Der Bauantrag war genehmigt und der Zeitpunkt für den Aufbau festgelegt. Das Experiment, ein Haus mit motivierten, aber fachfremden Menschen aufzubauen, konnte beginnen.

ownhome Nr. 3: Diesmal in der Nähe von Berlin. Der Entwurf ist dem ersten ownhome sehr ähnlich.

Wir hatten einen ausgebildeten, jungen Zimmermann, der sich in Absprache mit dem Bauherrn um die Organisation der Baumaterialien kümmerte, und vier Helfer mit ganz unterschiedlichen beruflichen Hintergründen. Von der Hotelfachfrau über den kaufmännischen Angestellten bis zum Künstler war alles dabei. Immanuel, der Zimmermann, wusste nicht so recht, ob er sich über die Situation freuen sollte. Aber auch für Marc, den Bauherrn, sowie für alle anderen, war es eine vollkommen unbekannte Situation und dadurch hatte das Projekt ein wenig den Charakter eines Abenteuers. Sechs Menschen, die sich untereinander nicht kannten, wollten gemeinsam ein Haus bauen und keiner wusste so genau, worauf er sich einließ.

Von der ersten Unsicherheit war am dritten Tag nichts mehr zu spüren. Sowohl Immanuel als auch Marc waren total begeistert von der Qualität der Arbeit, von der reibungslosen Zusammenarbeit und von den täglichen Fortschritten auf der Baustelle. Und so erlebten es alle Beteiligten. Nicht nur der harte Kern unserer Sechser-Gruppe, sondern auch die vielen Besucher, die vorbeikamen und von ein paar Stunden bis zu mehreren Tagen mitarbeiteten, ließen sich von der freudig-kreativen Stimmung auf der Baustelle anstecken. Nach knapp vierzehn Tagen legten wir überglücklich den letzten Firstziegel aufs Dach.

In die große Freude darüber, dass wir so erfolgreich die erste Variante eines ownhomes in XXL-Größe gemeinsam aufgebaut hatten, mischte sich ein Hauch von Traurigkeit darüber, dass das gemeinsame Schaffen jetzt vorbei war. Aber dieser Anflug von Melancholie war schnell verflogen, als wir gemeinsam die nächsten anstehenden Projekte besprachen. Wir waren uns alle einig, dass es ein Wiedersehen auf der nächsten Baustelle geben würde.

Diese Zeilen tippe ich auf meinem Laptop, während draußen schon Frühstücksgeräusche zu hören sind und Kaffeeduft zum Fenster hereinweht. Wir sind auf unserer dritten Baustelle, das

Dach ist bereits gedeckt und nach dem Frühstück geht es mit dem Mischen von Hanfkalk für die Wände weiter.

An den gemütlichen Feierabenden am Lagerfeuer sprechen wir oft über die außergewöhnliche Stimmung, die auf den Baustellen zu spüren ist und wir versuchen zu ergründen, wodurch diese zustande kommt. Ganz konnten wir diesem Geheimnis bis jetzt noch nicht auf die Spur kommen, aber über einige Voraussetzungen, die einen wichtigen Teil dazu beitragen, sind wir uns einig:

Alle Beteiligten sind von sich aus hoch motiviert, jeder ist wissbegierig, will etwas lernen und hat den Mut und die Bereitschaft, sich auf Neues einzulassen. Dieses Neue war für alle spürbar. Nicht nur, dass ein neues Gebäude entstand, es ist auch eine neue Qualität des Miteinanders, eine neue Qualität des Lebens und des Erlebens zu spüren. Ganz so, als würden von diesem Freiraum, in dem diese außergewöhnlichen Bauprojekte entstehen, außergewöhnliche Menschen angezogen, die sich neue Freiräume in ihrem Leben schaffen, in dem diese besonderen Qualitäten von Kreativität und Miteinander lebendig werden dürfen.

Ohne zu übertreiben, kann ich schreiben, dass dieser gemeinsame Gestaltungsprozess in jedem, der daran teilnimmt, neue Erlebnisse hervorbringt, die neue Denkstrukturen und auch neue Wahrnehmungsqualitäten zur Folge haben. Nicht selten verändert sich dadurch der gesamte Lebensentwurf.

ownhome Nr. 2: Diesmal in Wandlitz nördlich von Berlin.

Unten: Fleißige Helfer beim Bau des dritten ownhomes

GEMEINSAM MEHR ERREICHEN

Zusammenarbeit mit den Gemeinden

Gemeinsam kann man mehr erreichen als allein. Das gilt nicht nur im Umgang mit gleichgesinnten Weltverbesserern, sondern im Besonderen auch bei den Menschen, die andere Prioritäten in ihrem Leben haben. Eine ganz zentrale Rolle spielt zum Beispiel die Gemeinde, in der die Idee umgesetzt werden soll. Behörden und unsere gesetzlichen Rahmenbedingungen sind nicht für revolutionäre und schnelle Veränderungen bekannt. Viele Kommunen und die Gesetzgebung haben sich bisher noch nicht auf die innovativen Ideen eingestellt, die die Baubranche in Bezug auf alternative Wohnkonzepte entwickelt hat. Die Umsetzung visionärer Konzepte wie das des ownhomes werden durch gesetzliche Vorgaben und Auflagen oft stark eingeschränkt und manchmal sogar verhindert.

Die jeweils zuständigen Sachbearbeiter sind auch nur Menschen, die die Notwendigkeit, an unserem aktuellen System etwas zu verändern, erst nach und nach erkennen. Mittlerweile kommt jedoch vielerorts Bewegung in das Thema und die Bereitschaft, sich für neue Ideen zu öffnen, steigt. Es gibt bereits die ersten Gemeinden, die komplette Baugebiete für kleine Wohneinheiten anbieten.

In der Kommunikation mit den verantwortlichen Behörden ist es wichtig, keine Fronten aufzubauen, bei denen es nur darum geht »Recht« zu behalten. Ich bin überzeugt, dass sich immer mehr Gemeinden kooperativ zeigen werden, wenn sie neue Ideen und Konzepte verständlich, plausibel und nachvollziehbar serviert bekommen. Auch dabei möchte die *SoBaWi* ihre Unterstützung anbieten. Wenn es uns gelingt, zu zeigen, dass Gemeinden durch die Mitentwicklung neuer Wohnkonzepte eine Vorreiterrolle einnehmen können und dadurch viele Vorteile für die Gemeinde entstehen, können wir diese vielleicht sogar als aktive Partner für die Umsetzung unserer Idee gewinnen.

Die folgende Liste mit Argumenten, die aus der Perspektive der Gemeinden für die Umsetzung des ownhome-Konzepts sprechen, soll helfen, mit den Verantwortlichen ins Gespräch zu kommen oder die eigene Projektpäsentation entsprechend aufzubereiten.

- **Öffentliches Interesse:** Mit innovativen, ökologischen Projekten können Gemeinden Aufmerksamkeit und Medieninteresse auf sich ziehen.

- **Imagegewinn durch Vorreiterrolle:** Als treibende Kraft einer generationsübergreifenden Bewegung können Gemeinden zeigen, dass ein glückliches Leben auch mit vertretbarem Ressourcen- und Energieverbrauch möglich ist.

- **Impuls gegen Landflucht:** Tinyliving mit dem Schwerpunkt auf Autarkie ist prädestiniert für den ländlichen Raum. Das steigert die Attraktivität auch kleinerer Ortschaften.

- **Stärkung der Wirtschaft vor Ort:** Die ersten Projekte ziehen viele Besucher an. Übernachtungsmöglichkeiten und die umliegende Gastronomie werden von den Besuchern profitieren.

- **Schaffung von Arbeitsplätzen in der Region:** ownhomes müssen gebaut und gewartet werden.

- **Stabilere Versorungsinfrastruktur:** Gemeinden mit ownhome-Siedlungen sind unabhängiger und weniger anfällig für Störungen wie z.B. Stromausfall oder Bakterienbefall der Trinkwasserversorgung.

- **Zeit und Kostenersparnis bei der Erschließung:** Die zu bebauende Fläche muss nicht erschlossen werden.

- **Schutz von Umwelt und Landschaftsbild:** Für den Bau von ownhome-Siedlungen müssen keine Flächen versiegelt werden.

- **Zunahme der Artenvielfalt:** Die Vielfalt von Pflanzen und Tieren nimmt durch die naturverbundene Lebensweise zu.

- **Bildung:** Die Kreisläufe des ownhomes fördern das Wissen und das Interesse z.B. an Biologie, Chemie und Physik. Diesen riesigen gelebten Wissensschatz kann keine Schule vermitteln.

Das sind natürlich nur Denkanstöße und längst nicht alle Argumente, die für ownhome-Siedlungen sprechen, aber ein Anfang, um die Gemeinden für das Thema zu begeistern.

Natürlich, nicht einsam!

Ein »gutes Leben« in Gemeinschaft ist nicht nur für unsere Natur ein Segen, es ist auch ein Segen für unsere Gesellschaft und eine wirkungsvolle Medizin gegen Einsamkeit und Depression!

Obwohl wir scheinbar ständig von Menschen umgeben sind, fördert unsere Gesellschaft aktuell das Phänomen der Einsamkeit. Wir denken sogar im Zwischenmenschlichen arbeitsteilig und in Kategorien wie »Effizienz« und »Rendite«. Rechtfertigt ein Besuch bei meiner Oma einen freien Tag? Was habe ich davon, wenn ich Alte oder Kranke pflege? Unsere Gesellschaft wird aufgeteilt: Alte im Altenheim, Kleinkinder im Kindergarten, Kinder in der Schule und der Rest im Büro. Das führt dazu, dass man zwar nie alleine ist, aber vor allem im Alter von Einsamkeit bedroht ist, da die Menschen, die einem nahestehen, eben nicht nahe stehen. Man lebt gleichzeitig, aber nicht gemeinsam. Auch der übertriebene Fokus auf die Karriere kann dazu führen, dass man vereinsamt.

Immer mehr Menschen in Deutschland fühlen sich einsam. Das zieht sich durch alle Altersgruppen. In England ist es so schlimm geworden, dass man von einer »Epidemie der Einsamkeit« spricht. Um dieser Entwicklung entgegenzuwirken, wurde ein Ministerium für Einsamkeit eingerichtet, wie der Deutschlandfunk im Dezember 2019 berichtete.

Quelle
Hahn, Marten: Ein Ministerium leistet Pionierarbeit, in: Deutschlandfunk (23.12.2019)

Einsamkeit erzeugt in den meisten Fällen Stress und ist somit eine häufige Ursache von Krankheit. Der Gehirnforscher Manfred Spitzer hat diesem Thema ein ganzes Buch gewidmet.

Literaturhinweis
Spitzer, Manfred: Einsamkeit. Die unerkannte Krankheit, Droemer TB, 2. Auflage, München, 2019

Wenn wir einsam leben, dann verstoßen wir praktisch gegen ein Naturgesetz. Wir können nicht unabhängig voneinander existieren. Wir sind eingebettet in natürliche Kreisläufe und mit unseren Mitmenschen und allen Lebewesen auf diesem Planeten verbunden. Wir sind auf die Natur und aufeinander angewiesen. Wenn diese natürliche Verbundenheit aber keine Möglichkeit hat, sich in unserem Lebensalltag auszudrücken, dann drückt sie auf unser Gemüt.

Der beste Dünger für ein gutes, persönliches Wachstum sind unsere Mitmenschen. Sie spiegeln uns unser Verhalten, geben Feedback, sind Reibungspunkte und zeigen uns unsere Stärken und Schwächen. Sie motivieren und fordern uns. Sie helfen uns dabei, uns selbst kennenzulernen. Jede neue Facette, die wir in uns entdecken, birgt immer auch das Potential für Entwicklung. Es kommt darauf an, was wir daraus machen.

Der Humus für unser persönliches Wachstum ist die Gemeinschaft.

Sharing

Der Gedanke des Teilens kann sein Potential erst richtig entfalten, wenn eine bestimmte Anzahl von Menschen daran beteiligt ist. Wenn alle teilen, muss der einzelne nur wenig besitzen, kann aber von vielen Gütern der anderen profitieren. Oder man tätigt größere Investitionen direkt gemeinsam. In unserer Gemeinschaft teilen wir z.B. Fortbewegungs- und Transportmittel, Werkzeuge, Kochutensilien und die Waschmaschine. Aus dieser Perspektive auf »Besitz« ergeben sich zahlreiche Vorteile:

- **Optimale Auslastung/Nutzung der Geräte:** Eine Waschmaschine steht die meiste Zeit nur herum und eine Bohrmaschine braucht man vielleicht nur einmal im Jahr.

- **Anschaffungskosten können geteilt werden**

- **Ressourcenschonend:** Es müssen deutlich weniger Produkte hergestellt werden und daher werden entsprechend weniger Rohstoffe benötigt.

- **Stärkung der Gemeinschaft:** Oft entstehen durch die gemeinschaftliche Nutzung auch gemeinsame Aktionen und in der Regel macht das Arbeiten in Gesellschaft viel mehr Freude, als allein vor sich hinzuwerkeln.

Commons

Ein zweites Beispiel ist die »Commons-Bewegung«. Eine uralte Idee, die sich weltweit finden lässt und in den letzten Jahrzehnten wieder vermehrt in Erscheinung tritt. Dabei geht es um gemeinsam hergestellte, gepflegte und genutzte Produkte und Ressourcen unterschiedlichster Art. Im deutschsprachigen Raum gibt es seit dem Mittelalter den vergleichbaren Begriff der »Allmende«. Dieser steht für die gemeinsame Bewirtschaftung von Wiesen und Wäldern.

Der Fokus liegt dabei auf einer Art des Zusammenlebens, in der die Menschen einen großen Einfluss auf ihre Lebensbedingungen haben. Sie streben ein hohes Maß an Selbstbestimmung an und wählen ihre Tätigkeiten überwiegend danach aus, was ihnen viel Freude bereitet und was sie wichtig und richtig finden. Die genossenschaftlich organisierte Zeitschrift »OYA« berichtet sehr viel über diese Szene.

Permakultur

Eine weiteres Konzept, das neue Gestaltungsmöglichkeiten aufzeigt und sich mit der Idee des ownhomes gut kombinieren lässt, ist die Permakultur.

Bekannt ist sie vor allem aus der Landwirtschaft und dem Gartenbau. Sie wurde in den 70er Jahren in Australien von Bill Mollison und David Holmgren entwickelt. Wie der Name schon sagt, geht es dabei um eine permanente, also dauerhaft nachhaltige Landwirtschaft.

Literaturhinweis
Holmgren, David: Permakultur. Gestaltungsprinzipien für zukunftsfähige Lebensweisen, Drachen Verlag, 1. Auflage, 2016

Ziel der Permakultur ist es, durch die Beobachtung der natürlichen Gesetzmäßigkeiten und Kreisläufe landwirtschaftlich nutzbare Systeme aufzubauen. Dabei wird das Zusammenspiel der unterschiedlichen Tiere und Pflanzen genutzt und gefördert. Jede Einheit in diesem Komplex hat mehrere Aufgaben und jede Aufgabe wird von mehreren Instanzen erfüllt. Dadurch entsteht ein sehr robustes System, in dem jedes Lebewesen seinen Platz hat und auch gebraucht wird. Die Unterteilung in unterschiedliche Zonen schafft dabei für jedes Lebewesen die passenden Bedingungen und erleichtert die Bewirtschaftung.

Diese Denkweise ist ein ganzheitlicher Ansatz, der sich praktisch auf alle Lebensbereiche anwenden lässt. Überall gibt es natürliche Gesetzmäßigkeiten, die sich für eine kreative Zusammenarbeit anbieten. In Schulen und allen anderen Bildungseinrichtungen, in der Politik, beim Aufbau von Gemeinschaften, im ganz normalen Alltag – in all diesen Bereichen lassen sich die Prinzipien der Permakultur anwenden. Im Fokus steht immer die Kooperation mit den natürlichen Kräften und die Sorge für die Erde, für die Menschen und für alle Wesen.

DIE ZUKUNFT DES OWNHOMES

Das ownhome ist erst der Anfang meiner Vision vom *Buen Vivir*. In den nächsten Jahren sollen auf unserem Grundstück weitere kleine Wohneinheiten entstehen. Unser neuester Bau ist ein Häusschen in Form von zwei Zwölfecken, die ineinander übergehen. Das Haus ist für zwei Personen ausgelegt. Zwei weitere Tiny Häuser nach dem ownhome-Prinzip sind auf dem Grundstück bereits in Planung. Zusätzlich gibt es im alten Bauernhaus bereits zwei kleine, unabhängige Wohnbereiche und drei Gästezimmer. Mittelfristig wollen wir Wohnraum für ca. sechs Menschen ausbauen, so dass insgesamt bis zu zwölf Menschen hier leben können. Jeder hat dann seinen eigenen Bereich, für den nur er verantwortlich ist. Ergänzend dazu gibt es Gemeinschaftsbereiche, die von allen genutzt werden können. Wir haben eine gemeinsame Holzwerkstatt, eine gemeinsame Waschküche und ein großes, gemeinsames Wohnzimmer, in dem wir uns alle zusammensetzen können. Im Garten gibt es einen Bereich für Hochbeete, in dem wir einen Teil unserer Lebensmittel anbauen. Für die fehlenden Lebensmittel kooperieren wir mit der örtlichen solidarischen Landwirtschaft.

In der Scheune besteht die Möglichkeit, einen Seminarraum einzurichten. Ein Fuhrpark mit großem Transporter, einem kleinen Elektroauto und Elektrofahrrädern steht für alle zur Verfügung.

Schon jetzt bieten wir mehrmals im Jahr im alten Schulhaus verschiedene Vorträge und Workshops für die Gemeinde an. Dadurch sind wir in das Dorfgeschehen gut eingebunden. Besonders erfreulich ist, dass die positive Resonanz der Gemeinde sich über alle Altersgruppen erstreckt. Selbst die »Isinger Bande«, eine Gruppe von Jugendlichen im Alter zwischen zwölf und fünfzehn Jahren, kommt immer wieder zu Besuch ins ownhome, um über Gott und die Welt zu diskutieren.

Wir können uns gut vorstellen, zukünftig hier in der Gemeinde einen Unverpacktladen mit gemütlichem, veganen Café zu betreiben und so die Verbindung zur Dorfgemeinschaft noch enger zu pflegen. Damit würden wir eine zwanglose Möglichkeit für den Austausch von Gedanken und Ideen schaffen.

Während wir diese kleine Gemeinschaft rund ums ownhome aufbauen, entstehen bereits an vielen Plätzen in Deutschland, ganz Europa und weltweit ähnliche kleine Siedlungen, von

Eine gute Idee funktioniert auch in neuem Gewand: Das zweite ownhome auf unserem Grundstück bauten wir in Form zweier Zwölfecke.

Das ownhome ist ein Ort und Inspiration für Begegnungen und Diskussionen. Hier hat mich die »Isinger Bande« besucht.

denen sich immer mehr untereinander vernetzen und austauschen. Ich möchte, dass das ownhome und die ownhome-Idee die Menschen als gute Beispiele inspirieren und zur Nachahmung anregen. So schaffen wir es, das auf Wirtschaftswachstum fixierte gesellschaftliche System, das uns durch enormen Ressourcenverbrauch und die Umweltverschmutzung immer schneller unsere Existenzgrundlage entzieht, von innen heraus zu transformieren. Aus den absterbenden, gefräßigen Zellen der Schmetterlingsraupe entstehen die ersten Imagozellen, die das Wissen in sich tragen, dass sie fliegen können. Zuerst werden sie von den alten Zellen bekämpft, dann vernetzen sie sich und am Ende bilden sie den Schmetterling, der dann tatsächlich fliegen kann.

Wir sind nicht alleine und auch die Idee des ownhomes ist nicht allein! Dabei geht es nie darum, dass wir uns für eine bessere Welt aufopfern. Das Gegenteil ist der Fall. Wenn wir damit aufhören, unsere Natur für eine künstliche Welt zu opfern, dann kann unsere Kreativität erblühen. Es geht darum, dass wir uns wohl fühlen. Das ist dann echter Wohlstand.

Ich lebe so, weil es sich für mich gut anfühlt. Letztendlich aus reinem Egoismus. Es fühlt sich gut an, wenn meine Enkelkinder zu Besuch kommen, wir gemeinsam Blödsinn machen und ich keine Angst vor unbequemen Fragen haben muss. Es fühlt sich gut an, ausgiebig Wasser zu nutzen, ohne daran denken zu müssen, dass ich sparsam damit umgehen sollte, da es ein wertvolles Gut ist und auch noch Geld kostet. Ich genieße das Wasser und weiß es täglich zu schätzen. Es fühlt sich gut an, zu wissen, dass für die Erzeugung meiner Energie keine natürlichen Systeme belastet oder zerstört werden. Es fühlt sich gut an, Lebensmittel zu essen, denen man beim Wachsen zugesehen hat. Es fühlt sich gut an, täglich die Wunder der Natur zu erleben und ein lebendiger Teil von ihr zu sein.

Mit der Natur zu leben ist viel weniger anstrengend, als gegen die Natur zu leben. Denn gegen die Natur ist gleichzeitig auch immer gegen die eigene Natur.

Wie heißt es so schön: Wie man sich bettet, so liegt (oder lebt) man. Eingebettet in die Kreisläufe der Natur zu sein, ist ein wunderbares Gefühl. Ein Gefühl der Verbundenheit und des Vertrautseins. Lebendig! So fühlt sich für mich »gutes Leben« an.

Vielleicht kommt das dem Gefühl der Verbundenheit mit allem Lebendigen nahe, das der indigenen Bevölkerung aus Ecuador in die Wiege gelegt wird. Das, was sie mit »Buen Vivir« bezeichnen.

OHNE ÄNGSTE AUSGESORGT

WENN WIR AUF UNSER BAUCHGEFÜHL HÖREN, WISSEN WIR EIGENTLICH SEHR GUT, WAS WIR BRAUCHEN. ÄNGSTE UND VERMEINTLICHE ABHÄNGIGKEITEN HALTEN UNS OFT DAVON AB, DAS ZU TUN, WAS GUT FÜR UNS IST.

Ein gutes Leben ist ein sorgenfreies

Bei einer meiner Veranstaltungen sah ich einen jungen Mann, der einen Flyer über das ownhome in die Hand nahm und, nachdem er alles aufmerksam durchgeschaut hatte, meinte: »Der Mann hat ausgesorgt!« Er war davon überzeugt, dass sich mit dieser Idee so viel Geld verdienen ließe, dass man sich keine Sorgen mehr machen müsse.

Die meisten Menschen glauben, dass man mit viel Geld ausgesorgt hätte. Meine persönliche Erfahrung ist, dass sich Menschen, die viel besitzen, oft sehr viele Sorgen machen. Sie sorgen sich darum, wie sie ihren Reichtum erhalten oder im Idealfall sogar noch vermehren können. Sie machen sich Sorgen um die Börsenkurse der Unternehmen, bei denen sie ihr Geld angelegt haben. Sie machen sich Sorgen, wie sie ihren Reichtum vor anderen Menschen schützen können und manchmal machen sie sich auch Sorgen, was nach ihrem Ableben mit dem Reichtum geschehen wird. Reich sein ist sicher nicht gleichzusetzen mit sorglos sein!

Aber auch Armut garantiert kein sorgenfreies Leben. Arme Menschen sorgen sich darum, wie sie die nächsten Rechnungen bezahlen können, wie sie über die Runden kommen, wie sie mit der Rente zurechtkommen werden, wie sie eine besser bezahlte Arbeit finden können und es gibt noch viele Gründe mehr, die Anlass für ihre Sorgen sein können.

Selbst wenn man im ownhome lebt, kann man sich täglich Sorgen machen. Wie lange werden die Wasserpumpen funktionieren? Reichen die Sonnenstunden für meinen Energieverbrauch? Wann lässt die Speicherleistung der Batterien nach? Wie reagiert die Pflanzenkläranlage im Winter? Nur unsere Fantasie setzt die Grenzen für das Sorgenpotential!

Die äußeren Lebensumstände haben ganz offensichtlich nicht viel damit zu tun, ob man sich Sorgen macht oder nicht.

Es gibt keine äußeren Bedingungen, die dafür sorgen könnten, dass wir ausgesorgt hätten!

Ist es möglich, auszusorgen?

Es gibt keine Sorgen, außer denen, die wir uns machen. Wir machen uns Sorgen, weil wir Angst haben, dass das Leben anders verlaufen könnte, als wir es gerne hätten. Angst und Vertrauen hängen dabei direkt zusammen. Je weniger wir vertrauen, desto mehr ängstigen und sorgen wir uns und umgekehrt. Die Sprache drückt das sehr gut aus: Wir machen uns die Sorgen (selbst). Wir sind die aktiven Schöpfer unserer Sorgen. Beim Vertrauen sieht es anders aus. Vertrauen können wir nicht machen und wir können es auch nicht gewinnen. Vertrauen ist! Und wir können es zulassen. Wir können es (wahr-) nehmen. Wenn wir uns aber Sorgen machen, dann schieben sich diese zwischen das Vertrauen und uns und es wird nahezu unmöglich, das Vertrauen wahrzunehmen. Wenn wir keine Sorgen und keine Vorurteile und Vorstellungen zwischen uns und dem Vertrauen aufbauen, dann entsteht in uns der Raum, in dem das Vertrauen sich ausdehnen kann. So nehmen wir statt der selbstgemachten Sorgen das Vertrauen wahr, das immer da ist und es kann zu einem wichtigen Bestandteil in unserem Leben werden.

Wenn wir uns Sorgen machen, dann können wir kein Vertrauen erleben und wenn wir kein Vertrauen erleben, dann machen wir uns Sorgen.

Wenn wir Vertrauen erleben und uns keine Sorgen machen, dann haben wir ausgesorgt.

Wenn wir uns als Teil der Natur erleben, eingebettet in die natürlichen Kreisläufe, versorgt mit allem, was wir zum Leben brauchen, dann fühlen wir uns geborgen. Dann fühlen wir uns vertraut mit der Welt und haben ein Grundvertrauen in das Leben.

Wenn unsere Sinne diese Qualität bereits im Kindesalter durch eine behütete Kindheit wahrnehmen konnten, dann ist das ein unbezahlbares Geschenk für unser ganzes Leben. War das nicht der Fall, dann ist es jetzt unsere Aufgabe, das nachzuholen. Es ist nie zu spät für eine gute Kindheit! Und es ist nie zu spät für ein gutes Leben!

So gesehen ist das ownhome ein Versuch, den Menschen das Vertrauen in die Natur sichtbar und erreichbar zu machen – in die eigene Natur!

Keine Angst vor Neuem

Wenn wir dieses Vertrauen in die Natur und die Verbundenheit mit ihr nicht wahrnehmen können, dann entsteht das Gefühl des Getrenntseins. Wir fühlen uns von der Welt getrennt und diese steht uns gegenüber. Es entsteht ein künstliches Gegeneinander statt eines natürlichen Miteinanders. Diesen Kampf führen wir dann auch in uns mit unserer eigenen Natur.

Wir fühlen uns unsicher, haben Angst und machen uns Sorgen. Das fühlt sich nicht gut an. Wir sehnen uns nach Sicherheit und Geborgenheit. Da wir diese nicht erleben, versuchen wir, die Sicherheit anders zu bekommen. In Form von materieller Sicherheit. Die von uns getrennte Welt erleben wir als Bedrohung und wir versuchen, uns mit Zäunen, Mauern und Versicherungen zu schützen.

Da wir kein Vertrauen spüren, ist das Unbekannte für uns eine Bedrohung. Das Unbekannte da draußen und das Unbekannte in uns sind Gründe, sich Sorgen zu machen. Wir versuchen, uns vor dem Unbekannten zu schützen und beschränken unser Leben auf das, was wir bereits kennen. Fremdes da draußen und Fremdes in uns versuchen wir zu meiden.

Die Sinne, mit denen wir unsere Verbundenheit mit der Welt wahrnehmen, sind die gleichen, mit denen wir ein sorgenfreies Grundvertrauen erleben können.

Wenn wir uns verbunden fühlen, dann wissen wir, dass alles da draußen immer auch gleichzeitig ein Teil von uns ist, selbst wenn wir es noch nicht kennen. Dann sind wir neugierig auf das, was uns begegnet. Denn dadurch lernen wir die Welt und uns besser kennen. Wir erkennen im Unbekannten das Potential für inneres Wachstum. Neue Erlebnisse lassen unseren Erfahrungsschatz wachsen, sie lassen uns wachsen. Dafür müssen wir nur Freiräume für Neues schaffen. So wird sich das Leben und die Kreativität entfalten. Dann sind wir leidenschaftlich lebendig.

Wenn wir dieses Grundvertrauen in uns spüren, dann machen wir uns keine Sorgen vor Neuem und Unbekanntem, dann haben wir ausgesorgt.

Das ownhome ist durchaus eine gute Basis für ein sorgenfreies Leben, aber keine Garantie dafür. Es ist eine gute Voraussetzung, denn das Leben im ownhome bietet ein riesiges Erfahrungsfeld für alle Sinne und wer sich für ein Leben im ownhome-Stil entscheidet, hat sicher keine Angst vor neuen Erfahrungen.

So war die Aussage des Mannes, der den Flyer angesehen hat, auf eine ganz andere Art und Weise zutreffend, als er es eigentlich meinte.

Doch wie können wir unsere Sinne so schulen, dass sie diese Verbundenheit und das Vertrauen wahrnehmen können? Die Grundvoraussetzung dafür ist, dass wir uns auf etwas Neues einlassen. Solange wir uns immer nur in bereits Bekanntem aufhalten, können unsere Sinne nichts Neues wahrnehmen.

Wenn es uns gelingt, die Angst vor neuen Erfahrungen zu verringern und stattdessen Neugier auf neue Erlebnisse zu entwickeln, kommen wir in Bewegung. Da, wo vorher nur die Enge des bereits Bekannten sein durfte, tut sich ein kleiner Spalt für neues Erleben auf. Das ist nur ein kleiner Schritt, aber dieser hat es in sich. Durch diesen Spalt fällt das Licht eines unendlich großen Universums möglicher Erfahrungen. Der kleine Schritt ist der berühmte Sprung ins vermeintlich kalte Wasser – der Mut, Neues zuzulassen.

Wenn wir einmal diesen Sprung wagen, dann können wir erleben, dass das Wasser gar nicht bedrohlich und kalt ist. Es ist erfrischend und belebend und wir gehen nicht unter. Unsere Angst war einzig und allein das Produkt unserer Glaubenssätze und unserer Fantasie. Wir sind wie kleine Blätter im Fluss des Lebens und das Vertrauen trägt uns schwerelos und sicher durch alle Stromschnellen und Hindernisse. Nach diesem Erlebnis freuen wir uns schon auf den nächsten Sprung.

Wenn wir mit diesem Bewusstsein durchs Leben gehen, haben wir ausgesorgt, unabhängig von allen äußeren Bedingungen.

Das Buch endet hier, die Reise nicht. Ich würde mich freuen, wenn das Ende dieses Buches für dich zum Anfang einer neuen Sichtweise deines Lebens wird. Wenn du das Potential in dir spürst, das dich ermächtigt, aktiv an der Gestaltung der »Sozialen Plastik« unserer Gesellschaft und uns selbst teilzunehmen.

Teilnehmen heißt nichts anderes, als sich wortwörtlich den Teil zu nehmen und zu gestalten, der für uns bestimmt ist. Den Platz einzunehmen und der Teil vom Ganzen zu werden, für den wir hier auf die Erde gekommen sind. Die Welt um uns ist das Resultat unserer Wahrnehmung, die sich verändert, je nach dem, wie wir mit uns umgehen.

Wenn wir besser mit uns umgehen,
wird die Welt für alle besser.

Wenn wir unser Leben lieben und Liebe leben,
wird die Welt für alle besser.

Wenn wir wirklich »gut leben«, ermöglichen wir damit auch
ein gutes Leben für alle.

UMGEBEN VON **PFLANZEN**

IN DIESEM ABSCHNITT FINDEST DU EINIGE PFLANZEN, DIE DIR IM UND UM DAS OWNHOME HERUM BEGEGNEN KÖNNEN.

SIE ERMÖGLICHEN DAS LEBEN IM OWN-HOME, ERNÄHREN SEINE BEWOHNER UND MACHEN DEN ALLTAG SCHÖNER.

ESSBARE WILDKRÄUTER

GEWÖHNLICHER GUNDERMANN

(*Glechoma hederacea*)

HERB-AROMATISCHER GESCHMACK

DIE BLÄTTER SORGEN BEIM KAUEN FÜR FRISCHEN ATEM

BLÜTEN ALS DEKO UND ZUM AROMATISIEREN VON ÖLEN

ROTER WIESEN-KLEE

(*Trifolium pratense*)

GESCHMACK WIE FELDSALAT

BLÄTTER LECKER IN KRÄUTER-QUARK

LÖWENZAHN

(*Taraxacum officinale*)

GESCHMACK WIE CHICORÉE

JUNGE BLÄTTER ALS SALAT

BLÜTEN ALS SÜSSE ZUTAT FÜR LIMONADE

VOGELMIERE

(*Stellaria media agg.*)

ZART-AROMATISCHER GESCHMACK

GANZE PFLANZE ALS SALAT NUTZBAR

GROSSE BRENNNESSEL

(*Urtica dioica*)

DIE BLÄTTER SCHMECKEN SPINATARTIG UND WÜRZIG

AUS DEN STÄNGELN WERDEN FASERN FÜR NESSELTUCH GEWONNEN

SAMEN GERÖSTET ALS GEWÜRZ

BLÄTTER ALS ZUTAT FÜR SALAT, GEMÜS[E], PESTO UND VIELES MEHR

BLÜTEN ALS ESSBARE DEKORATION
GEWÖHNLICHER GIERSCH
(Aegopodium podagraria)
GESCHMACK WIE MÖHRE UND PETERSILIE
BLÄTTER UND STÄNGEL ALS ZUTAT FÜR SALAT ODER GEMÜSE
EISSE TAUBNESSEL
amium album)
E BLÜTEN
HMECKEN
SS
BLÄTTER ALS TEE
BLÄTTER ALS TEE
GÄNSEBLÜMCHEN
(Bellis perennis) 199
GESCHMACK ÄHNLICH WIE FELDSALAT
JUNGE BLÄTTER GEDÜNSTET ALS GEMÜSE
BREIT-WEGERICH
(Plantago major)
CHAMPIGNONARTIGER GESCHMACK
BLÄTTER ALS ZUTAT FÜR KRÄUTERQUARK

PFLANZEN FÜR DIE KLÄRANLAGE

FÜR DIE BEPFLANZUNG DER KLÄRANLAGE EIGNEN SICH SUMPFPFLANZEN, DIE GUT MIT NASSEM SUBSTRAT KLAR KOMMEN. MIT IHREM WURZELWERK NEHMEN SIE ÜBERSCHÜSSIGE NÄHRSTOFFE AUS DEM WASSER AUF UND BILDEN ZUSÄTZLICH DEN LEBENSRAUM FÜR DIE FILTERBAKTERIEN DER KLÄRANLAGE.

SUMPF-SCHWERTLILIE

(Iris pseudacorus)

ALLE PFLANZENTEILE SIND GIFTIG!

GEWÖHNLICHER TANNENWEDEL

(Hippuris vulgaris)

WÄCHST SOWOHL UNTER WASSER (SUBMERS) ALS AUCH ÜBER WASSER (EMERS).

EMERSER WUCHS AUFRECHT MIT NADELIGEN BLÄTTERN

SUBMERSER WUCHS WUCHERND MIT WEICHEN BLÄTTERN

GOTTESGNADENKRAUT

(*Gratiola officinalis*)

WILDFORM STARK GEFÄHRDET

DIE GESAMTE PFLANZE IST HOCHGIFTIG!

SUMPF-VERGISSMEINNICHT

(*Myosotis scorpioides*)

VERBREITUNG DURCH SELBSTAUSSAAT

ZARTER GAUCHHEIL

(*Anagallis tenella*)

WILDFORM IN DEUTSCHLAND VOM AUSSTERBEN BEDROHT

RÖHRIGER WASSERFENCHEL
(Oenanthe fistulosa)

GEFÄHRDETE GIFTPFLANZE

SUMPF-SCHACHTELHALM
(Equisetum palustre)

GIFTPFLANZE

DIE ERSTEN SCHACHTELHALME WUCHSEN SCHON VOR 375 MILLIONEN JAHREN

BLÄTTER UND BLÜTEN ALS TEE

PFENNIGKRAUT
(Lysimachia nummularia)

WÄCHST SCHNELL UND ENTZIEHT DEM WASSER BESONDERS VIELE NÄHRSTOFFE

EMERSER WUCHS: KRIECHEND
SUBMERSER WUCHS: AUFRECHT

ERGIEBIGE NEKTARQUELLE

ZWERG-KALMUS

(*Acorus gramineus*)

SUMPF-STORCHSCHNABEL

(*Geranium palustre*)

ALS SPREIZKLIMMER BENÖTIGT DER SUMPF-STORCHSCHABEL EINE STÜTZPFLANZE FÜR DAS HÖHENWACHSTUM

GEWÖHNLICHER BLUTWEIDERICH

(*Lythrum salicarium*)

FRÜHER ALS MITTEL ZUR BLUTSTILLUNG GENUTZT, DAHER DER NAME

GEMÜSE UND SALATE FÜR DIE SELBSTVERSORGUNG

RADIESCHEN

FREILAND
AUSSAAT: AB MÄRZ
ERNTE: 3-4 WOCHEN NACH AUSSAAT

FELDSALAT

FREILAND
AUSSAAT: MITTE JULI – SEPTEMBER
ERNTE: SEPTEMBER – JANUAR

HERBST- UND WINTERGEMÜSE (ÜBERSTEHT AUC FROST)

STIEL-MANGOLD

FREILAND/HOCHBEET
AUSSAAT: MITTE APRIL
ERNTE: AB JULI
ZWEIJÄHRIGE PFLANZE

GURKE

GEWÄCHSHAUS
AUSSAAT: MITTE MÄRZ
AUSPFLANZEN: MITTE APRIL
ERNTE: AB MITTE MAI
STARKZEHRER

PAPRIKA

GEWÄCHSHAUS
AUSSAAT: AB MITTE MÄRZ
ERNTE: AB AUGUST
MEHRJÄHRIG
MAG ES GERNE WARM (25–28 °C)

DANK

Als Autor wird mein Name in diesem Buch genannt. Das fühlt sich nicht ganz passend an, denn an der Entstehung dieses Buches waren sehr viele Menschen beteiligt. Jede meiner Begegnungen hat genau genommen dazu beigetragen, dass dieses Buch so entstehen konnte.

An dieser Stelle möchte ich mich deshalb bei all den Menschen bedanken, die ich bisher in meinem Leben treffen durfte. Besonders wichtig waren für mich die prägenden Jahre in meiner Familie, bei meinen Eltern und Geschwistern. Stellvertretend für alle weiteren möchte ich noch die nennen, die an die Idee des ownhomes glaubten und direkt am Aufbau beteiligt waren: Laura und Robin, als Mitstreiter der ersten Stunde, Markus, Michel, Malte und Mo, die viel Energie und Ideen mit eingebracht haben, und dann natürlich auch noch Tatiana, die Frau an meiner Seite und unsere Kinder, Marcela, Silvano und Camila, ohne deren Geduld und tatkräftige Mithilfe das alles nicht hätte entstehen können.

Zu guter Letzt braucht es für die Veröffentlichung eines Buches auch noch einen passenden Verlag. Einen, der hinter dem Inhalt steht und transparent und konsequent bei der Umsetzung unterstützt. Dafür möchte ich mich bei Jonas ganz herzlich bedanken und auch bei Daniela, der es gelungen ist, die schwarz-weißen Buchstaben mit vielsagenden, bunten Illustrationen zu bereichern.

LITERATURVERZEICHNIS

Acosta, Alberto: Buen Vivir. Vom Recht auf ein Gutes Leben, ökom Verlag, 5. Auflage, München, 2017

Alber, Philipp: Analyse der Betriebssicherheit und Anwendungsorietierung eines abwasserfreien Gebäudes; Masterthesis an der Universität Stuttgart Institut für Siedlungswasserbau, Wassergüte- und Abfallwirtschaft, betreut von Dipl.-Ing. Carsten Meyer, Juni 2018

Anders, Günther: Die Antiquiertheit des Menschen. Erster Band. Über die Seele im Zeitalter der industriellen Revolution, C. H. Beck, 4. Auflage, München, 2018

Anders, Günther: Die Antiquiertheit des Menschen. Zweiter Band. Über die Zerstörung des Lebens im Zeitalter der dritten industriellen Revolution, C. H. Beck, 5. Auflage, München, 2018

Anders, Günter: Die molussische Katakombe, C. H. Beck, 2. Auflage, München, 2012

Anders, Günter: Hiroshima ist überall, C. H. Beck, 1. Auflage, München, 1995

Berger, Wolfgang: Kompost-Toiletten für Garten und Freizeit. Sanitärtechnik ohne Wasser und Chemie, Ökobuch Verlag, 2. Auflage, Staufen, 2017

Böhme, Gernot: Ästhetischer Kapitalismus, Suhrkamp, 2. Auflage, Berlin, 2016

Chutkan, Robynne: Das Mikrobiom. Heilung für den Darm. Der revolutionäre Weg zu neuer Gesundheit von Innen heraus, Unimedica ein Imprint des Narayana Verlags, 1. Auflage, 2017

Drilling, Matthias/Schnur, Olaf (Hrsg.): Nachhaltige Quartiersentwicklung. Positionen, Praxisbeispiele und Perspektiven, VS Verlag für Sozialwissenschaften, 1. Auflage, 2011

FAO. 2011. The state of the world's land and water resources for food and agriculture (SOLAW) – Managing systems at risk. Food and Agriculture Organization of the United Nations, Rome and Earthscan, London

Harlan, Volker/Rappmann, Rainer/Schata, Peter: Soziale Plastik. Materialien zu Joseph Beuys, Achberger, 1984

Felber, Christian: Die Gemeinwohl-Ökonomie, Piper, 5. Auflage, München, 2018

Holmgren, David: Permakultur. Gestaltungsprinzipien für zukunftsfähige Lebensweisen, Drachen Verlag, 1. Auflage, 2016

Hundertwasser, Friedensreich: Scheißkultur – Die heilige Scheiße, Manifest aus dem Jahr 1979

IPBES (2019): Summary for policymakers of the global assessment report on biodiversity an ecosystem services of the Intergovernmental Science-Policy Platform on Biodiversity and Ecosystem Services. IPBES secretariat, Bonn, Germany. 56 pages.

Kükelhaus, Hugo: Entfaltung der Sinne. Erlebnisse mit dem Erfahrungsfeld, Fischer Taschenbuch, 13. Auflage, Frankfurt am Main, 1997

Michels, Birgit: Die soziale Plastik – Kunst und Gesellschaft bei Joseph Beuys, GRIN Verlag, München, 2003

Paech, Niko: Befreiung vom Überfluss, ökom Verlag, München, 2012

Scheidler, Fabian: Das Ende der Megamaschine. Geschichte einer scheiternden Zivilisation, Verlag Promedia, 1. Auflage, Wien, 2015

Schubert, Axel: Eine kritische Durchsicht der AUE-Studie »Basel auf dem Weg zur 2000-Watt-Gesellschaft«. Zugleich ein Ausblick, was getan werden kann, 11/2012, veröffentlicht von: WOZ Die Wochenzeitung

Shah, Sonia: Woher kommt das Corona-Virus?, Le Monde diplomatique, Nr. 3/2020

Smarticular (Hrsg.): Fünf Hausmittel ersetzen eine Drogerie, Smarticular, akutalisierte Auflage, 2018

Spitzer, Manfred: Einsamkeit. Die unerkannte Krankheit, Droemer TB, 2. Auflage, München, 2019

Thoma, Erwin: Strategien der Natur. Wie die Weisheit der Bäume unser Leben stärkt, Benevento Verlag, 1. Auflage, München u. Salzburg, 2019

Ziesemann, Gert/Krampfer, Martin: Tadelakt, Kreidezeit Naturfarben, Lamspringe, 2007

Weitere Buchtipps von Klemens

Scheumann, Erich: Der Papalagi- die Reden des Südseehäuptlings Tuiavii aus Tiavea, Tanner + Staehelin, 28. Auflage, 1985

Otterpohl, Ralf: Das Neue Dorf. Vielfalt leben, lokal produzieren, mit Natur und Nachbarn kooperieren, oekom Verlag, München, 2017

Weber, Andreas: Indigenialität, Nicolai Publishing & Intelligence GmbH, Berlin, 2018

Eisenstein, Charles: Wut Mut Liebe. Politischer Aktivismus und die echte Rebellion, Europa Verlag, Zürich, 2020

Welzer, Harald: Alles könnte anders sein. Eine Gesellschaftsutopie für freie Menschen, S. Fischer Verlag, 7. Auflage, Frankfurt am Main, 2019

Dispenza, Joe: Du bist das Placebo. Bewusstsein wird Materie, KOHA Verlag, Dorfen, 2014

FC-Kollektiv: Finanzkoop oder die Revolution in Zeitlupe. Von Menschen, die ihr Geld miteinander teilen, Büchner-Verlag, 1. Auflage, 2019

Ruf, Stefan: Klimapsychologie. Wege zu einem atmosphärischen Bewusstsein, Info 3 Verlag, 1. Auflage, 2019

VERLAG DER IDEEN

Veränderung beginnt mit dir!

Passend zum Thema aus unserem Programm:

Dinge sind die Sprechblasen unserer Gesellschaft. Aber diese Art zu kommunizieren ist ein ökologisches und soziales Desaster. Design ist der Motor unserer Konsumgesellschaft. Chance und Verantwortung, sich für eine Neuausrichtung einzusetzen. Design ist immer politisch. »Buy this shit!« reicht nicht! Designer müssen Position beziehen und sich neu erfinden!

Kritik, Inspiration, Leitfaden, Tool –
BUY THIS SHIT!

Jonas Dinkhoff

BUY THIS SHIT

Die Rolle des Designers im Ästhetischen Kapitalismus

Softcover, 160 Seiten, 24 × 16,8 cm

ISBN 978-3-942006-38-5

Ego, hör mir mal gut zu:
Angst existiert nicht.
Resilienz ist naturgegeben.
Burnout wird überbewertet.

Fabian Schmid, lebenserprobter Analytiker, Coach und »Fährmann«, nimmt unser Ego liebevoll lächelnd, aber doch erbarmungslos in die Pflicht und bietet ihm das simple Einmaleins der Veränderung.

Willste? Kannste!

Neben vielen anschaulichen und unterhaltsamen Geschichten und logisch nachvollziehbaren Erklärungen über die inneren Prozesse, mit denen wir uns das Leben schwer machen, enthält das Buch einen Trainingsplan mit praktischen Übungen für eine positive Grundhaltung und einen stressfreien Alltag.

Fabian Schmid

burnout of order

Leben anstelle von Überleben

Eine simple Mathematik der Leichtigkeit

Klappenbroschur, 276 Seiten, 20,6 × 13 cm

ISBN 978-3-942006-39-2

VERLAG DER
IDEEN

Alle Angaben in diesem Buch wurden nach bestem Wissen und Gewissen erstellt. Der Verlag, der Autor und die Illustratorin übernehmen keinerlei Haftung für Personen-, Sach- oder Vermögensschäden, die aus dem Einsatz der beschriebenen Materialien, Techniken, Rezepten und Vorgehensweisen entstehen können.
Rechtliche Bestimmungen und Vorschriften, im Besonderen in Bezug auf den Umgang mit Trink- und Abwasser, den Einsatz und der Erzeugung von Brennstoffen sowie elektrischer Energie und die Bebauung von Grundstücken können regional stark abweichen und müssen sorgfältig recherchiert und eingehalten werden.

4. Auflage 2024

© 2020 Verlag der Ideen, Borken
Alle Rechte vorbehalten

Verlag der Ideen, Matthias-Grünewald-Weg 24, 46325 Borken
www.verlagderideen.de

ISBN 978-3-942006-45-3

Lektorat, Artdirektion und Layout: Jonas Dinkhoff
Korrektorat: Stephanie Jungnitz
Illustration: Daniela Heiny, danielaheiny.de
Fotografie: Klemens Jakob

Druck und Weiterverarbeitung: Gugler GmbH, Melk/Donau, Österreich

Printed in Austria